머니토크

초판 1쇄 발행 2025년 07월 01일

지은이 김현정 / **펴낸이** 배충현 / **펴낸곳** 갈라북스 / **출판등록** 2011년 9월 19일(제395-251002011000260호) / **전화** (031)970-9102 **팩스** (031)970-9103 / **블로그** blog.naver.galabooks / **페이스북** www.facebook.com/bookgala / **이메일** galabooks@naver.com / **ISBN** 979-11-86518-92-2 (03320)

※이 책의 내용에 대한 무단 전재 및 복제를 금합니다. / 책의 내용은 저자의 견해로 갈라북스와 무관합니다. 갈라북스는 ㈜아이디어스토리지의 출판브랜드입니다. / 값은 뒤표지에 있습니다.

들어가며

"금융의 맥을 짚을
핵심 이슈를 담았다"

대한민국의 경제는 대내외 불확실성이 확대되면서 성장세가 둔화하고 있다. 한국개발연구원(KDI)에 따르면, 내수는 정국 불안으로 심리가 위축되고 대외 불확실성이 확대돼 눈에 보이는 회복이 나타나지 않고 있다. 수출 역시 녹록지 않다. K-반도체의 저력으로 그나마 버티고 있지만 여타 다른 산업들은 부진을 면치 못하고 있는 데다, 향후 미국 관세가 인상되면 수출 여건이 더욱 악화할 전망이다.

한국의 미래를 암울하게 내다보는 학자들도 나타나고 있다. 세계적 거시경제학자인 아티프 미안 미국 프린스턴대 경제학과 석좌교수는 최근 한 일간지와의 인터뷰에서 과도한 가계부채에 짓눌린 한국의 소비자들이 씀씀이를 줄이면서, 한국의 경제가 2008년 금융위기 이후 대침체를 겪은 미국의 경로와 유사하게 나아가고 있다고 우려했다. 이런 상황에서 한국 경제는 부채 구조조정이 필요하지만, 그 과정에서 대형 기업들이 파산할 가능성이 있다. 아티프 미안 교수는 한국 경제의 성장이 부채의 덫에 발목잡힐 수 있다며 한국인들에게 어려운 고민거리를 안겼다.

한국의 직장인들은 지난해 말 1927조원으로 사상 최고치를 기록한 가계부채와 함께, 경제적 어려움과 생활비의 이중고에 시달리고 있다. '런치플레이션'(런치+인플레이션 · 점심값 상승)이란 말이 나올 정도로, 치솟는 밥상 물가에 지갑 꺼내기도 두려울 지경이다. 대기업과 중소기업의 연봉차는 점점 커지며, 채용도 경력직 위주로 이뤄져서 청년 실업률(15~29세)이 지난 4월 기준 7.3%로 지난해 평균(5.9~6.4%)보다 상승해 악화 추세를 보이고 있다.

어찌보면 밀레니얼 세대로서 디지털 환경에서 자라나 해외 배낭여행으로 폭넓은 글로벌 경험을 한 뒤 원하는 직종으로 취업을 한 저자는 운이 좋게 글로벌 경제 성장기를 타고난 행운아였을지도 모른다는 생각이 든다. 그렇지만 저자 역시 온전한 사회인으로 자리잡기까지 많은 시행착오를 겪어야 했다.

2010년 케이블 증권방송의 기자로 첫 발을 내딛을 때는 맨땅에 헤딩하는 기분이었다. 학창시절, 씨네키즈를 표방하며 소설과 영화만 보고 경제 공부를 등한시한 게 통렬히 후회됐다. 몇 년간 언론고시 스터디를 하면서 어찌어찌 기자로 출발할 수 있게 됐지만, 하필 증권 기자였다. 경제의 'ㄱ'자도 모른다는 밑천이 드러날까봐 두려웠다. 어린아이가 한글 '가나다라'를 배우듯, 영어 알파벳 'abcd'를 배우듯, 자본시장의 하나하나에서부터 새롭게 지식을 쌓아올렸다.

중간에 몇 년간 공백이 있었지만 수습기자를 뗀 지 15년이 됐다. 증권기자가 된 순간부터 기자로 일하면서 금융에만 몰입했다. 주식용어 책을 찾아보고, 각종 연구소의 세미나는 모두 쫓아다녔으며 시장 전문가들의 상충되는 분석과 전망에서 길을 찾기 위해 고군분투했다.

이 책은 그 결과물이다. 경제를 잘 아는 독자에게는 너무 쉬울 수도 있고, 막 경제에 입문한 독자에게는 너무 어려울 수도 있다. 난이도를 조절해 경제기사를 읽을 때 필수적으로 알아야 할 전반적인 이슈에서부터, 금융권을 조목조목 이해할 때 필요한 전문 용어까지 골고루 담으려고 했다.

이 책을 통해 경제기사를 읽는 독자들의 손이 한결 가볍고 수월해지길 빈다. 뒤늦게 경제와 재테크에 관심을 갖게 됐더라도 "늦지 않았다"고 힘주어 말하고 싶다.

"늦었다고 생각될 때는 정말 늦은 때이다"라는 우스갯소리도 있지만, 경제와 재테크에 관심을 가진 순간 이미 반 이상은 시작한 것이나 다름없다고 믿는다. 해 지는 노을을 바라보며 누군가는 금빛 테두리를 떠올리듯이, 경제와 재테크에 관심을 가

지기 시작한 이후 알게 된 지식들이 이전까지 알고 있었던 것들을 완전히 새롭게 바라보게 만들 수도 있다.

독자들이 이 책을 통해 금융시장에서 되풀이되는 이슈들과 논란의 쟁점이 되는 이슈들, 금융 시장의 맥을 짚을 때 반드시 알아야 하는 핵심 용어들을 빠르게 흡수했으면 하는 바람이다.

금융을 알면 알수록 '금융은 종합예술'이라는 생각이 든다. 경제·경영만 빠삭하게 알면 된다는 인식은 오산임을 깨달았다. 인간이 조개껍데기를 화폐로 삼기 시작한 순간부터 인류 역사상 켜켜이 쌓아올린 인문·역사·문화의 총체가 금융이 아닌가 싶다. 그만큼 한 순간도 방심할 수 없고 끊임없이 학습해야 하는 분야가 금융인 것 같다.

여전히 금융 초심자로서 지금도 매일매일 경제 유튜브를 보고 금융 서적을 읽는다. 전문가들의 고견을 들으며 항상 겸손하라는 선인들의 조언을 마음에 새기며 산다.

부족한 저자에게 과분한 출판의 기회를 주신 배충현 선배께도 이 자리를 빌어 감사의 말씀을 전한다.

_김현정

차 례

PART 1

[자사주 매입]
기업은 주가 부양 목적…주주는 간접 배당 효과 • 18

[카드론]
한도 내 무담보 대출…부실 위험 높아 관리 필요 • 23

[BIS비율]
은행 건전성의 가늠자…바젤Ⅲ 8% 이상 권고 • 30

[사모펀드]
기업 '자금난' 해소의 방편…자칫 경영권 위협할 수도 • 37

[부동산PF]
'기대'에서 '골칫덩이'로…저축은행 부실화의 뇌관 • 47

[환차손]
15년만의 고환율…눈덩이처럼 커진 걱정 • 55

PART 2

0

[외화예금]
가입 '열풍'…남몰래 웃는 투자자들 • 64

[내부통제]
금융사고 발생 이후…금융사 신뢰 회복책 • 69

[유상증자]
기업 자금 조달 창구…금융당국은 규제 대상 • 76

[공모가]
기업가치 상승 기대감…IPO 흥행의 지표 • 80

[블록딜]
"묶어서 미리 판다"…상호주 제한 카드 • 86

[순환출자]
경영권 보루 vs 시장 독점 • 92

PART 3

N

[ETF]
전세계적 인기몰이 나선 투자상품 • 98

[ROE]
밸류업 목표 달성의 기준…워런 버핏도 중시하는 수치 • 105

[토큰증권]
제도화는 언제쯤…번번이 국회 문턱에서 좌절 • 110

[커버드콜 ETF]
고배당 추가 수익 추구…MZ세대도 관심 • 117

[공매도]
빌려 매도한 주식…주가 하락시 차익 기대 • 124

[상법 개정안]
주주에 대한 '이사의 충실 의무'가 핵심 • 133

PART 4
E

[유상증자]
'코리아 디스카운트'의 원인…투자자들 반발 불러 • 144

[인수 · 합병(M&A)]
기업 경쟁력 강화…효율적 구조조정 수단 • 150

[국고채 금리]
정부 발행 채권…대출금리 변동에 영향 • 157

[종투사 · 초대형IB]
'한국형 골드만삭스'…기업금융 업무 수행 '초대형 금융기관' • 162

[미국 국채]
'세계 안전자산'에서 '달러 패권 리스크'의 주역으로 • 168

[CET1(보통주자본비율)]
금융기관 자본 건전성 평가…주주환원 정책의 기준 • 175

PART 5

[K-ICS 비율(지급여력비율)]
국내 보험사 재무건전성 평가…지급여력제도 • 182

[NIM(순이자마진)]
금융기관 수익성과 효율성의 평가 지표 • 188

[RWA(위험가중자산)]
은행 대출·자산 보유 위험도…자본 추가의 기준 • 193

[ERP(전사자원관리)]
기업 내 여러 부서 업무…효율적으로 통합 관리 • 199

[RSU(양도제한조건부주식)]
회사가 임직원에게 무상 주식 양도를 보장 • 205

[디폴트옵션]
퇴직연금 적립금…자동 운용하는 제도 • 210

PART 1

M

[자사주 매입]
기업은 주가 부양 목적…
주주는 간접 배당 효과

"삼성전자가 지난 15일 주주가치 제고 등을 위해 총 10조원 규모의 자사주를 매입하기로 했다는 소식에 시장이 들썩였다. 2017년 9조3000억원 규모의 자사주 매입 이후 7년 만이었다."

_2024. 11. 15

당시 삼성전자 주가가 4년 5개월 만에 4만원대로 떨어지는 등 하락세가 심상치 않았다. 그러자 삼성전자가 강력한 주가 방어 의지를 드러냈다. 삼성전자 주가는 실적 부진과 트럼프 2기 행정부 집권에 따른 미중 갈등 심화, 반도체 업황 악화 전망 등이 겹치며 '4만전자'를 찍었다.

2024년 7월 11일 8만8800원으로 52주 신고가를 기록했지만 넉 달여가 흐른 같은 해 11월 14일에는 5만원대가 붕괴됐다. 이날 삼성전자의 주가순자산비율(PBR)은 결국 1997년 외환위기 이후 처음으로 0.9배 밑으로 떨어졌다. 현금성 자산만 100조원이 넘는 삼성전자의 주가가 장부가치보다 낮아졌다는 뜻이다.

당시 매입하는 10조원 규모의 자사주는 향후 1년간 분할 매수하고, 이 중에 3조원 규모는 3개월 내 사들여 전량 소각하기로 했다. 나머지 7조원 규모에 대해서는 주주가치 제고 관점에서 언제 어떻게 활용할지 추후 결정하기로 했다.

자사주 매입이란?

그럼 자사주 매입이 무엇이기에 삼성전자의 단행 소식에 시장의 이목이 쏠렸던 것일까?

자사주 매입(Buy-Back)이란 기업이 자기 회사의 주식을 주식시장 등지에서 사들이는 것을 말한다. 자사주를 사들이면 주식 유통 물량이 줄어들어 그 기업 주가가 오르는 요인이 된다. 또한 자사주 매입 후 소각을 하면 발행주식 수가 줄어들면서 주당순이익(EPS)이 증가한다. EPS가 상승하면 일반적으로 주가 상승 효과가 발생하며 이는 주주가치를 증대시킨다. 이 경우 주주는 배당을 직접 받지 않아도 자산 가치가 늘어나 이익 환원 효과를 볼 수 있다. 일종의 간접적인 배당 효과를 내는 것이다.

자사주 매입은 적대적 인수·합병(M&A)에 대비해 기업의 경영권을 보호하는 수단으로 쓰이기도 한다. 자사주 자체로 우호 지분으로 쓰이진 않지만, 우호적인 기업과 서로 주식을 교환하는 방식으로 우호 지분을 확보할 수 있다. 고려아연이 영풍과 사모펀드 운용사 MBK파트너스와 벌인 경영권 분쟁이 그렇다. 고려아연이 공개매수 방식으로 자사주를 매입해 영풍과 MBK파트너스로부터 경영권을 방어하고 있다.

기업은 직원들에게 주식을 지급하기 위해 자사주를 사들이기도 한다. 일론 머스크가 이끄는 전기차 업체인 미국의 테슬라는 자사주를 대거 무상지급하는 방식으로 인재들을 유치하는 것으로 유명하다. 테슬라 전임 엔지니어는 기본 급여로 8만 4743만달러(약 1억1870만원)를 받고, 스톡그랜트(자사주 무상지급)로 적게는 1만5000달러(약 2100만원)에서 많게는 5만달러(약 7000만원)을 받는다.

또는 회사 소유구조를 개편하기 위해 자사주를 매입하기도 한다. 대표적으로 지난 2015년 삼성물산은 제일모직과의 합병 과정에서 삼성물산의 해외주주인 미국 사모펀드 엘리엇 매니지먼트의 반대를 맞닥뜨렸다. 이에 삼성물산은 자사주 매입과 소각을 통해 엘리엇의 영향력을 줄이고 안정적인 지배구조를 강화하는 방식으로 합병을 성사시키고 경영권을 방어했다.

한편, 자사주 매입은 기업이 투자활동으로 성장하지 못하고 성장 사업을 찾지 못하고 있다는 시그널로도 받아들여질 수 있다. 이로 인해 주가 상승 효과가 단기적이라는 시각도 있다.

놀라운 자사주의 마법

지금까지 설명한 이같은 자사주 매입을 통해 발생한 여러 가지 효과들을 '자사주의 마법'이라고 부른다.

기업은 자사주 매입을 통해 주가를 부양하고, 소각으로 주주 환원 효과를 발생시키고, 경영권을 방어하고, 스톡옵션이나 성과급 등 직원을 보상하고, 안정적인 재무상태에서 투자기회 부족 시 회사의 잉여 현금을 주주들에게 환원하는 효과를 낼 수 있다.

자사주 매입을 통해 기업의 재무구조를 개선하고 주식시장에서 입지를 공고화하는 '마법과 같은' 효과를 낼 수 있는 것이다.

다만 부작용도 있다. 자사주 매입은 현금을 통해 이뤄지므로 과도할 경우 회사의 유동성이나 부채 비율에 부정적인 영향을 끼친다. 또 일시적으로 주가를 부양할 수 있지만 기업의 지속 가능한 성과가 동반돼야 장기적으로 내실 있는 주가 상승을 동반할 수 있다.

아울러 자사주 매입에 돈을 썼다가 자칫 연구개발(R&D)이나 신규 사업 투자와 같은 장기적인 성장 기회를 놓칠 수도 있다는 점에 유의해야 한다.

[카드론]
한도 내 무담보 대출…
부실 위험 높아 관리 필요

02

"지난달 카드론 잔액이 42조원으로 역대 최대 수준을 경신하면서 카드사의 재무건전성에 대한 우려가 높아졌다."

_2024. 11. 24

카드론은 수익이 큰 만큼 위험하므로 리스크 관리가 필요한 분야인데, 카드사들이 당장의 수익을 좇아 카드론 영업비중을 늘린다면 추후 부실여신으로 인한 건전성 악화 등의 문제에 맞닥뜨릴 수 있다는 지적이다.

카드론이란

카드론은 신용카드 회사가 제공하는 신용대출 서비스를 말한다. 주로 신용카드 사용자가 별도의 담보 없이 카드 한도를 기반으로 대출을 받을 수 있다. 대출금액과 금리는 신용카드 사용자의 신용도에 따라 심사 과정을 거쳐 개별적으로 산정된다.

대출 한도는 보통 수백만원에서 수천만원까지 가능하며 개인의 신용등급과 소득 수준에 따라 달라진다. 일반적으로 신용카드를 사용하지 않은 부분을 대출로 사용할 수 있다.

대출 절차는 신용카드 발급 후 특별한 서류나 추가 보증 없이 전화나 인터넷 뱅킹, 카드사 웹사이트 등을 통해 손쉽게 신청할 수 있으므로 간단하고 빠른 편이다.

대출 금리는 은행 신용대출보다 높고 현금서비스보다 낮다. 보통 연 6~20% 수준이며 신용등급이 낮을수록 금리가 높아진다. 2024년 10월 말 기준, NH농협카드를 제외한 8개 전업카드사의 카드론 평균 금리는 연 14.44%로 전달 대비 0.13%포인트 올랐다. 우리카드가 15.39%로 가장 높았고, 롯데카드 14.93%, 삼성카드 14.79%, 현대카드 14.48% 등 순이었다. 상환기간은 짧게는 6개월부터 길게는 5년까지 가능하다. 분할상환이 가능해 한 번에 모든 대출금을 갚을 부담을 덜 수 있다.

최근에 카드론이 늘어난 이유는 시중 은행들이 가계대출 조이기에 나서면서 '풍선효과'로 카드사의 카드론 이용이 늘어난 탓이다. 은행이 대출을 줄이면, 자금이 필요한 개인이나 기업은 은행을 대신해 대출해줄 존재를 찾게 된다. 또한 은행이 대출 심사를 강화할 경우에도, 상대적으로 심사 절차가 간소하고 빠른 카드론에 수요가 몰리게 된다. 한마디로 급전이 필요한

중·저신용자들이 카드론을 선택하게 되는 것이다.

카드론이 늘면 무엇이 문제일까?

카드론은 금리가 높기 때문에 장기적으로 가계부채 문제를 악화시킬 수 있다. 실제로 2003년 카드 대란 사태를 떠올릴 수 있다.

당시 카드 대출을 포함한 신용카드 과잉 발급과 부실 관리가 원인으로 작용해 가계부채 위기로 이어졌다. 정부가 1999년 내수 진작을 위해 신용카드 사용을 적극 장려하면서, 카드사들이 공격적으로 카드를 발급했고 느슨한 심사 기준을 적용했다. 심지어 신용등급이 낮은 사람들에게도 카드 발급을 남발했다.

신용카드 사용이 보편화되면서 자연스럽게 카드론과 현금서비스 이용이 급증했다. 카드사들은 수익성을 높이기 위해 고금리의 카드론과 현금서비스를 과도하게 제공했는데, 이는 결국 많은 사람들이 과도한 부채를 떠안게 만드는 결과를 초래했다.

2003년 초가 되자, 일부 카드사의 연체율은 10%를 넘어섰고 카드사들의 재정 상황이 악화됐다. 가뜩이나 1997년 외환위기 이후 가계소득이 줄거나 멈춘 상황에서 과도한 카드 대출은 일반 가계에 큰 부담이 됐다.

결국 2003년부터 2004년까지 다수의 카드사가 파산하거나 대규모 구조조정을 겪었다. 특히 업계 1위 LG카드가 파산해 신한카드에 흡수합병되면서 충격을 안겼다. 또 많은 가계가 카드론과 현금서비스 대출을 갚지 못해 400만명에 달하는 신용불량자를 양산했다.

카드사의 부실은 금융권 전반으로 퍼져나갔고 경제 전체의 신용 위축을 불러왔다. 소비가 위축되고 내수가 침체에 빠지게 됐다.

이 사태 이후 한국 정부와 금융당국은 카드 대출 관리를 강화하고 △신용카드 발급기준 강화 △대출 한도 규제 △가계부채 관리 정책 강화 등의 조치를 취했다.

'양날의 검' 대환대출

최근 카드론 중에서 대환대출이 빠른 속도로 늘면서 금융당국과 카드업계에 공포를 자아내고 있다. 대환대출은 카드론을 갚지 못해 카드론을 빌린 카드사에 다시 대출받는 것을 말한다.

주로 더 낮은 금리나 유리한 조건으로 기존 대출을 갚기 위해 사용된다. 가령 A은행에서 5% 금리로 대출을 받은 고객이 B은행에서 3% 금리로 대출을 받아 A은행의 대출을 갚는 경우가 해당된다.

그런데 대환대출은 일장일단이 있다. 잘 사용하면 카드사와 고객 모두 원원하는 만능열쇠가 될 수 있지만, 남용하면 카드사 재정건전성에 독이 된다.

만일 대출자가 기한 내 원금이나 이자를 금융기관에 상환하지 못하면 해당 대출은 부실여신(부실채권)으로 분류된다. 연체율 상승이나 대출 연장 횟수 증가 등은 부실여신으로 분류될 가능성을 높인다.

카드사는 기존 대출이 연체 상태이거나 상환 능력에 문제가 있는 경우, 대환대출을 통해 기존 대출을 그대로 갱신할 수 있다. 그러나 갱신 이후에도 차주의 상환 능력이 없어 대출이 계속 연체 상태에 머무르면 부실여신 금액이 증가해, 금융당국으로부터 부실여신 관리를 회피한다는 지적을 받을 수 있다.

따라서 카드사는 대환대출을 신규 취급으로 처리하는데, 그러면 기존 대출의 연장이 아니라 새로운 대출로 간주되며 대출 포트폴리오에서 정상여신으로 잡힌다. 연체 이력이나 부실 여부와 무관하게 새로운 대출로 기록돼 부실여신비율에 영향을 주지 않게 된다.

다만 이 경우가 성립하려면, 카드사는 기존 대출과 명확히 구분되는 별도의 새로운 계약 조건(금리, 상환기간 등)을 적용해야 하며 대출자의 신용평가를 재진행하고 담보가 있다면 해당 담보 가치를 재평가해 신규 대출 조건에 반영해야 한다.

카드사는 이런 방식으로 연체율 관리와 부실여신비율 개선을 꾀할 수 있고, 고객 입장에서도 신용등급을 유지 또는 개선할 수 있다. 아울러 금융당국의 규제선상에도 오르지 않을 수 있다.

그럼 대환대출의 신규 취급이 '만능열쇠'일까? 그렇지 않다. 아무리 대환대출을 신규 취급해 문제를 해결하더라도 대출자의 상환 능력이 실질적으로 부족하다면 장기적으로 부실여신으로 전환될 가능성이 여전히 남는다. 대환대출 만기는 대개 1년 이상을 넘지 않으므로 1년 안에 똑같은 상황이 반복된다고 볼 수 있다.

따라서 카드사가 당장의 부실여신비율을 낮추려고 대환대출을 과도하게 신규 취급으로 처리하면 잠재적인 부실 리스크를 쌓는 셈이 된다.

[BIS비율]

은행 건전성의 가늠자…
바젤Ⅲ 8% 이상 권고

"1·2금융권이 부동산 프로젝트파이낸싱(PF)의 여파에도 불구, 리스크 관리에 고삐를 조이며 양호한 지난 3분기 재무 건전성을 보인 것으로 나타나 안도의 한숨을 내쉬게 한다."

_2024. 12. 2

이때 기준으로 삼는 지표가 바로 '국제은행(BIS) 기준 자기자본비율'(이하 BIS비율)이다.

1·2금융권의 지난해 3분기 BIS비율을 보면 전분기보다 나아진 양상을 보인다. 국내 은행의 2024년 3분기 BIS비율은 15.85%로 전분기 대비 0.09%포인트 상승했고, 같은 기간 저축은행의 BIS비율은 15.18로 전분기 대비 0.18%포인트 올라 역대 최대치를 기록했다.

금융감독원의 자본비율 권고치를 보면, 자산 1조원 이상 저축은행이 11%, 1조원 이하는 10%다. 물론 아직 일부 저축은행은 금감원이 제시하는 BIS비율 기준에 미달하고 있다.

자산 1조원 이상인 상상인저축은행과 상상인플러스저축은행의 3분기 BIS비율은 각각 10.23%, 9.11%로, 금감원 권고치인 11%에 미치지 못했다.

금융당국은 자본지표를 모니터링하면서 BIS비율이 권고치 이하로 떨어질 경우 자본조달계획을 요구할 전망이다.

자산 1조원 이상 저축은행이 BIS비율 8%(1조원 미만은 7%)를 하회하면 금융당국은 해당 은행에 경영개선을 위한 적기 시정조치를 부과할 수 있다.

지난 2024년 2분기 권고치에 미달했던 라온저축은행(1조원 미만)과 바로저축은행은 3분기 BIS비율이 각각 10.91%, 12.78%로 전분기 대비 개선됐다. 특히 바로저축은행은 지난 2024년 8월 말 300억원 규모의 유상증자를 단행해 BIS비율 상승을 꾀했다.

한편 상상인저축은행의 경우, 다음달 실사 예정인 OK금융그룹으로 매각되면 상황이 바뀔 수 있는 점이 변수로 거론된다.

BIS 기준 자기자본비율이란?

그럼 BIS 기준 자기자본비율(이하 BIS비율)이란 무엇일까?

BIS비율은 한마디로 말해, 은행의 재무 건전성을 평가하기 위한 국제적인 기준이다. 은행이 보유한 자기자본이 위험가중자산 대비 얼마나 되는지 나타내는 비율이다. 국제결제은행(BIS) 산하 바젤위원회에서 정한 기준에 따라 계산된다.

즉 BIS비율은 은행의 총자본(분자)을 위험가중자산(분모)으로 나눈 값이다. 비율이 높을수록 건전성이 좋다는 의미다. 반대로 해당 비율이 줄어들면 위험가중자산이 그만큼 크게 늘었다는 뜻이다.

이때 분자가 되는 총자본은 주식, 이익잉여금 등 고품질 자본인 기본자본과 후순위채권, 대손충당금 등 상대적으로 품질이 낮은 자본인 보완자본으로 구성된다. 분모가 되는 위험가중자산은 은행이 보유한 대출, 채권 등 자산의 위험도를 반영해 산정한 금액을 말한다.

바젤 Ⅲ 규제에 따르면, 은행은 최소한 8% 이상의 BIS비율을 유지해야 한다.

한편 중앙은행의 중앙은행이라고 불리는 BIS는 스위스 바젤에 본부를 두고 있는 국제기구다. 현재 63개국 중앙은행을 회원으로 두고 있으며, 회원국들이 전 세계 국내총생산(GDP)의 95%를 차지한다. 우리나라는 1975년부터 옵서버 자격으로 참여하다가 1997년 1월 정식으로 가입했다.

BIS비율 왜 중요한가?

BIS비율은 △은행 건전성 평가 △금융 안정성 유지 △신용도 평가 기준의 세 가지 측면에서 중요하다.

먼저 은행 건전성 평가 관점에서 보면, 은행이 경제위기나 대규모 손실 상황에서도 견딜 수 있는 능력을 평가하므로 중요한 지표로 간주된다.

두 번째로 금융 안정성 유지 관점에서 글로벌 금융시스템의 안정성을 확보할 수 있게 해주므로 주목받는다.

마지막으로 신용도 평가 기준 관점에서 투자자와 예금자가 은행의 신뢰성을 판단하는 데 주요한 지표가 되므로 관심이 집중된다.

상술했듯이 BIS비율이 높을수록 은행의 재무 건전성이 양호하다고 평가받고, 반대로 낮으면 위험 상황에 취약할 수 있다는 뜻이다. BIS비율이 금융당국의 권고치 밑으로 내려가면 규제 대상이 된다.

은행 파산의 주범이 되는 BIS비율

과거 1997년 한국의 외환위기 당시 국내 은행들은 BIS비율이 급격히 낮아지면서 국제 신뢰도가 추락했다. 이에 8% 기준을 맞추라는 국제통화기금(IMF)의 요구에 따라 결국 은행들의 대규모 구조조정으로 이어졌다. 2008년 리먼브러더스 파산 사태로 촉발된 글로벌 금융위기도 BIS비율이 도화선이 됐다.

많은 금융기관들이 고위험 파생상품인 주택담보부증권(MBS)

과 연계된 자산을 과도하게 보유하고 있다가, 이들 위험자산이 급락하면서 파산 위기에 처했다.

최근의 사례로는 지난해 실리콘밸리은행(SVB)을 들 수 있다. SVB는 금리 상승에 따른 채권자산 가치 급락으로 대규모 손실을 입었고, BIS비율 등 건전성 지표 악화에 투자자와 예금자들이 뱅크런(대규모 예금인출 사태)을 일으키면서 파산에 이르렀다.

BIS비율 지키기 위한 은행들의 노력은?

은행들은 BIS비율을 양호한 수준으로 유지하기 위해 여러 노력을 한다.

먼저 자기자본을 확충하기 위해 새로운 주식을 발행해 자본금을 늘리거나 후순위채권을 발행해 보완자본을 늘린다. 또 당기순이익을 배당하지 않고 유보해 이익잉여금으로 쌓는 방식으로 기본자본을 적립하기도 한다.

또는 위험가중자산을 줄이기 위해 부실 기업 등 고위험 대출이나 고위험 파생상품 투자를 줄이고 정부 채권이나 중앙은행 예치금과 같은 저위험 자산으로 자산 구조를 변경한다.

대출 심사 기준을 강화해 우량 고객에게만 대출하거나 부실채권(NPL)을 매각 또는 손실 처리로 제거하는 방식으로 자산 위험을 낮춘다.

자본효율적 상품을 개발하거나 디지털 금융서비스를 확대하고 운영비용을 절감하는 등의 수익성 개선 노력을 기울일 수도 있다.

바젤Ⅲ 등 국제 기준을 적극적으로 도입하거나 정기적인 스트레스 테스트를 통해 언제 닥칠지 모르는 경제위기와 금리 상승 등의 충격에 가상 시나리오로 대응할 수 있다.

그밖에 유상증자 등을 통해 외국계 투자자나 기관투자자로부터 전략적으로 자본을 유치하거나, 수익성이 낮거나 자본 부담이 큰 비핵심 사업부를 매각해 위험가중자산을 줄이고 자본을 확보할 수도 있다.

정부와 협력해 공적 자금 지원 요청이나 정책 대출 지원프로그램에 참여하는 방법도 있다.

주주들에게 지급할 배당을 축소하거나 중단하고, 단기 부채를 장기 부채로 전환해 부채 구조를 최적화하는 방안도 시도할 수 있다.

[사모펀드]

기업 '자금난' 해소의 방편…
자칫 경영권 위협할 수도

04

"지난주 롯데그룹이 유동성 위기설을 타개하기 위한 첫 단추로 알짜 계열사인 롯데렌탈을 홍콩계 사모펀드인 어피니티에 쿼티파트너스(어피니티)에 팔기로 했다."

_2024. 12. 7

  롯데그룹은 호텔롯데와 부산롯데호텔이 보유한 롯데렌탈 지분 56.2%를 어피니티에 1조6000억원으로 넘기는 경영권 지분 매각 양해각서(MOU)를 체결했다.

  롯데는 2024년 8월 비상경영체제로 전환한 이후 사업 포트폴리오를 분석해 그룹의 중장기 전략에 맞지 않는 사업을 지속적으로 정리하고 있다. 그룹 차원의 신성장 동력을 전기차 충전, 자율 주행 등 기술 기반 사업에 둔 만큼, 그룹의 성장 전략에 맞지 않는 롯데렌탈은 수익을 내더라도 매각 결정을 내렸다는 설명이다.

롯데는 이번 매각으로 단기 유동성을 확보했지만, 알짜 계열사를 외국계 자본에 넘김으로써 장기적으로 국내 경제에 부정적인 영향을 끼칠 수 있다는 우려가 나온다.

어피니티는 아시아 지역에서 성장 가능성이 높은 기업에 투자해 가치를 높이고 이후 매각하는 방식으로 수익을 창출한다. 기업의 장기적 성장을 추구하는 안정적인 투자자라는 측면에서, 단기 이익을 노리고 국내 기업의 경영권을 탈취하려고 하는 행동주의 펀드들과는 다르다는 게 업계의 시각이다.

그럼 기업 위기의 순간에 나타나는 구원투수가 되기도 하고, 기업 경영권을 흔드는 빌런이 되기도 하는 사모펀드란 어떤 존재일까?

사모펀드란

사모펀드(Private Equity Fund, PEF)는 소수의 고액 자산가 또는 기관투자자로부터 자금을 모아 부동산, 비상장 기업, 기업 구조조정, 특정 프로젝트 등 고위험·고수익 대상에 투자하는 펀드를 말한다.

주로 비공개로 자금을 모집하며 대체로 49인 이하의 제한된 투자자를 대상으로 하므로 공모펀드에 비해 비교적 완화된 규제를 받는다.

사모펀드는 높은 수익률을 목표로 하며 투자 내용과 전략이 공개되지 않는 경우가 많아 경쟁력을 유지할 수 있다. 다만 이러한 점으로 정보 투명성이 부족하다는 비판도 제기된다. 부실 기업을 인수해 회생시키는 전략도 자주 쓰인다.

사모펀드 종류

사모펀드는 투자 목적과 운용 방식에 따라 여러 유형으로 나뉜다. 먼저 고수익을 추구하는 유형으로는 바이아웃 펀드(Buyout Fund)와 벤처캐피탈 펀드(Venture Capital Fund)가 있다.

바이아웃 펀드는 특정 기업의 지분을 대규모로 매입해 경영권을 확보한 후, 기업 가치를 높이고 매각이나 상장을 통해 수익을 실현하는 펀드다. 투자 대상은 비상장 기업 또는 경영권 매각을 원하는 상장 기업이다.

벤처캐피탈 펀드는 기술력과 성장 가능성이 높은 스타트업이나 초기 단계의 기업에 투자하는 펀드다. 투자한 기업의 성장에 따라 수익이 결정되는 측면이 있다.

상대적으로 안정된 수익을 추구하는 유형으로는 메자닌 펀드(Mezzanine Fund)와 부동산 펀드(Real Estate Fund)가 있다.

메자닌 펀드는 상장·비상장 기업을 대상으로 주식과 채권의 중간 형태인 전환사채(CB), 신주인수권부사채(BW) 등에 투자하는 펀드다. 주식 전환 시 자본이익을 기대한다.

부동산 펀드는 수익형 부동산이나 개발 사업 등 상업용 건물,

호텔, 물류센터와 같은 부동산 자산에 투자하는 펀드다. 임대 수익과 자산가치 상승을 통해 수익을 창출한다.

그 외 헤지펀드(Hedge Fund)는 주식, 채권, 파생상품 등 다양한 자산에 공매도, 레버리지, 파생상품 활용 등 공격적인 투자 전략을 활용해 절대 수익을 추구하는 펀드이고, 회생 가능성이 높은 부실 기업, 구조조정 대상 기업, 법정 관리 기업 등에 투자해 수익을 노리는 스페셜시츄에이션 펀드(Special Situations Fund), 도로, 항만, 공항 등 대규모 공공 인프라 개발사업에 투자하는 인프라 펀드(Infrastructure Fund), 신용등급이 낮지만 수익성이 높은 기업의 채권, 대출 채권 등에 투자해 이자 수익을 내는 크레디트 펀드(Credit Fund) 등이 있다.

사모펀드의 부작용

사모펀드가 대중에게 부정적으로 각인된 것은 해외 행동주의 사모펀드가 국내 대기업의 경영권을 위협하는 사례가 잇달아 발생했기 때문이다.

행동주의 사모펀드란 저평가된 기업에 투자해 경영에 적극 개입함으로써 기업 가치를 높이고 이후 주식 가격이 오르면 차익을 실현하는 전략을 구사하는 펀드를 말한다. 이들은 기업의 지배구조 개선, 비효율적 자산 매각, 배당 확대 등을 요구하며 기업 경영진에 강력한 압박을 가해 물의를 빚기도 한다.

외국계 행동주의 사모펀드가 한국 대기업에 미친 최초의 대규모 경영권 위협 사건은 '2003년 소버린 사태'다.

당시 모나코에 본사를 둔 영국계 헤지펀드인 영국 소버린자산운용은 SK텔레콤 지분을 활용해 SK그룹의 경영진 교체와 구조조정을 요구했다. 소버린은 SK텔레콤 지분 약 14.9%를 보유하며 최대 주주로 떠오른 상황을 이용해 경영권을 위협했다.

SK는 주주들의 지지를 바탕으로 경영권 방어에 성공했으나 이미 소버린 측의 이사 선임을 막기 위해 위임장 확보에만 1조 원에 달하는 비용을 써버린 후였다. 소버린은 2005년 9459억 원의 시세차익을 거두고 철수했다.

2006년에는 억만장자 '기업사냥꾼'으로 악명높은 미국 행동주의 투자자 칼 아이칸이 다른 헤지펀드와 연합해 KT&G 주식 6.59%를 매입했고, KT&G 정관상 집중투표 배제 규정이 없는 것을 이용해 3명의 이사 후보를 추천하는 동시에 집중투표제 선출을 요구했다.

칼 아이칸은 이로써 사외이사 1인을 이사회에 진출시켰고, 그를 통해 부동산 매각, 자사주 소각, 자회사 한국인삼공사 상장을 요구했고, KT&G는 2조8000억원의 비용을 투입해 경영권 방어에 나섰다. 칼 아이칸은 같은해 12월 1358억원의 주식 매각 차익과 124억원의 배당금 등 1482억원의 차익을 올렸다.

2015년에는 미국계 헤지펀드 엘리엇매니지먼트가 삼성물산과 제일모직의 합병에 반대하며 삼성그룹의 경영권 분쟁을 일으켰다.

삼성물산의 주주였던 엘리엇은 합병 비율이 삼성물산에 불리하다고 주장하며 합병 반대 운동을 펼쳤다. 삼성은 국민연금의 찬성을 통해 합병을 성사시켰지만, 추후에 국민연금의 부당 개입 논란으로 이어졌다.

더불어민주당 상법 개정 논란

이같은 배경은 한국 대기업들이 최근 민주당이 추진하는 상법 개정에 결사항전하는 계기가 됐다.

민주당의 상법 개정안 골자는 '이사의 충실의무 대상을 회사 외에 주주까지 확대'하는 것과 '감사위원 분리선출 인원을 확대'하는 것, '집중투표제를 의무화'하는 것 등이다.

삼성, SK, 현대차, LG 등 16개 기업 사장단은 2024년 11월 21일 이례적으로 한자리에 모여 이를 반대하는 긴급 성명을 내놓았다.

재계에서는 '이사의 충실 의무 확대'의 경우, 수많은 경영판단 과정에서 불이익을 받았다고 판단하는 주주들이 이사들에게 손해배상, 배임죄 형사고발 등 소송을 남발할 우려가 있다고 지적했다. 다양한 주주들의 이익을 모두 확인하고 합치시키는 것이 현실적으로 불가능하므로 신속한 투자 결정을 저해하고 외국계 헤지펀드가 경영권을 공격하는 수단으로 악용될 소지가 있다는 입장이다.

감사위원 분리선출 인원을 늘리고 의결권을 최대주주와 특수관계인 합산 3%로 제한하는 내용 역시 투기자본의 '지분 쪼개기' 의결권 행사에 속수무책으로 당할 수밖에 없다고 지적했다. 아울러 '1주 1의결권'이라는 상법의 기본 원칙을 훼손할 수 있다고 우려했다.

2인 이상 이사 선임 시 1주당 선임이사의 수만큼 의결권을 부여하는 집중투표제도 헤지펀드들의 공격의 대상이 될 여지가 있다. 헤지펀드들이 선임한 이사가 영업비밀 등 핵심 정보를 유출해도 이를 막을 방법이 없고, 이사회 내 경영권 다툼이 수시로 일어날 가능성도 농후하다는 게 재계와 전문가들의 주장이다.

사모펀드 또다른 부작용

사모펀드가 기업의 경영권을 인수하거나 활용하는 경우 발생할 수 있는 또 다른 부작용은 기업의 장기 성장이나 재무구조를 악화시키는 행보다.

일례로 국내 사모펀드 운용사 IMM프라이빗에쿼티는 2021년 한샘을 인수한 뒤, 기업 실적 악화에도 불구하고 배당금을 과도하게 책정해 문제가 됐다. 기업 재무구조를 악화시키고 소액

주주들에 부정적인 영향을 끼쳤다는 비판을 받는다.

박태준 전 국무총리의 사위인 김병주 회장이 이끄는 MBK파트너스는 2013년 ING생명(옛 오렌지라이프 현 신한라이프)과 2015년 홈플러스 경영권 인수 후 대규모 구조조정을 시행해 논란이 됐다. ING생명 인수 후 6개월 만에 임직원 수백명을 감축했고, 홈플러스 인수 후에는 약 8년간 1만명 이상이 퇴사한 것으로 알려졌다. 또한 홈플러스 엑시트 타이밍을 놓치고 점포 매각과 폐점을 이어가다가 결국 홈플러스 익스프레스 매각까지 검토하며 '쪼개기 매각' 논란을 일으켰다. 이는 기업의 장기적인 성장을 저해하고 고용 불안을 초래한다.

게다가 김 회장은 2018년 오렌지라이프(옛 ING생명) 매각 후 성과보수 1000억원을 받고도 소득 신고를 장기간 누락한 탈세 혐의를 받았다. 시민단체들은 미국 국적인 김 회장이 한국에서 회수한 투자금으로 얻은 소득에 대해 제대로 세금을 납부하지 않았다고 주장하고 있다.

MBK파트너스는 현재 영풍과 연합해 국가 기간산업인 고려아연의 경영권 확보 시도를 하고 있어 또 다시 논란을 빚고 있다. MBK는 국내 기업을 중심으로 수익을 올리면서도 이익 대부분이 해외 출자자(LP)들에게 흘러가고, 세금도 해외에 납부되는 구조라는 점에서 비판을 받고 있다.

김 회장은 최근 인터뷰에서 "한국 시장은 기업 지배구조 변화가 빠르게 이뤄지는 환경이며 MBK가 그 변화를 이끄는 주체가 되고 싶다"고 말했다. 그러나 업계에서는 3~4세 오너 체제 기업들 중 상당수가 낮은 지분율로 경영권 방어가 쉽지 않은 취약한 지배구조의 대기업으로서 위기감을 키우고 있다고 해석한다.

한편 MBK는 최근 일본에서 열린 투자자 총회에서 약 7조원 규모의 바이아웃펀드 2차 클로징을 발표했으며, 자금 대부분이 중동과 중국 등 해외 출자자로 구성된 것으로 나타났다. 이에 MBK가 외국계 투기자본과 다를 바 없다는 지적이 제기된다. 김 회장 등 주요 임원이 미국 국적인 점도 의혹을 부추긴다.

[부동산PF]

'기대'에서 '골칫덩이'로…
저축은행 부실화의 뇌관

05

"부동산PF(프로젝트 파이낸싱) 부실 위험에 노출된 투자금 규모가 역대 최대를 기록한 가운데, 후폭풍이 여전히 거세다."

_2024. 12. 14

  정부가 부동산PF 부실 사업장에 대한 구조조정에 들어가면서, 관련 위험에 노출된 저축은행과 제2금융인 캐피탈사들의 부담이 가중되고 있다.

  저축은행의 경우, 부동산PF에 대한 1차 사업성 평가에서 유의·부실 우려로 분류된 비중이 28%에 달했다.

  이에 이들 금융기관은 부실PF 사업장과 자산을 정리하기에 여념이 없지만, 부동산 업황 침체로 제값을 받지 못하면서 물량들이 제때 처리되지 못하고 쌓이고 있는 실정이다.

  하나금융연구소에 따르면, 부동산PF 부실에 따른 경매 접

수 건수는 2024년 들어 3만건을 넘어섰다. 이중 아파트 경매는 2022년 200~300건 안팎이던 것이 2023년부터 급증해 2024년 700건 안팎까지 치솟았다.

일부 저축은행들은 시세보다 낮게 책정되는 낙찰가에 부실 자산을 매각하지 않고 '버티기'로 대응하고 있는 것으로 나타났다.

부동산 호황기에 등장해 모두를 풍요롭게 만들어주는 영웅적인 면모를 보였다가 부동산 침체기에 부실 위기에 빠져 전지구적 재앙으로 다가오는 부동산PF란 무엇일까?

부동산PF란

부동산PF는 부동산 개발 프로젝트에 필요한 자금을 조달하기 위해 사용하는 금융기법이다.

주로 주거용 단지 개발이나 상업용 빌딩, 쇼핑몰, 리조트, 호텔 건설 등 대규모 부동산 개발 프로젝트에 활용된다.

일반적인 대출과 달리, 사업의 성공 가능성과 프로젝트에서 발생한 미래 현금흐름을 담보로 자금을 조달한다는 점이 특징이다. 즉 대출자의 신용이나 기존 자산을 담보로 하지 않고, 프로젝트 자체의 수익성을 평가해 자금을 대출하는 것이다.

이때 부동산 개발 프로젝트는 기업과 법적으로 독립돼 있다는 점이 기업의 신용과 담보에 기초해 자금을 조달하는 기존의 기업금융과 다르다.

기업의 신용등급과 무관하게 프로젝트 현금흐름만으로 돈을 빌릴 수 있다는 장점이 있다. 이에 신용등급이 낮은 기업들이 많이 사용한다.

프로젝트가 성공하면 투자자와 금융기관 모두 수익을 얻는 구조다. 반면에 프로젝트가 실패하면 금융기관이 손실을 감수해야 한다.

실패에 대한 리스크 관리 어떻게?

프로젝트가 실패하면 원금 상환을 하지 못할 수 있으므로, 금융기관은 시공사의 지급 보증이나 프로젝트 진행 중 사업성 평가 등을 통해 리스크를 관리한다.

먼저 시공사의 지급 보증은 프로젝트를 기획하고 추진하는 주체인 시행사로부터, 실제 공사 수행 계약을 체결하고 실행하는 건설사인 시공사가 프로젝트의 일정 부분에 대해 금융기관이나 투자자에게 지급보증을 제공하는 방식이다.

프로젝트 실패 또는 채무상황 곤란 시 시공사가 시행사를 대신해 금융기관에 대출 원리금을 갚거나 손실을 보전해준다.

프로젝트 진행 중 사업성 평가란 프로젝트가 실행되는 동안 초기 계획에 대한 검토뿐만 아니라, 진행 상황에 따른 경제성과 수익성, 시장 상황 등을 점검하는 것이다. 부동산 시장 동향 등 시장 환경은 어떠한지, 공사 진척률·예상 완공 일정 등은 어떠한지, 자금 조달의 안정성·대출 상환 계획은 어떠한지, 예상치 못한 비용·인허가·지역경기 침체 등 리스크 요인은 없는지 살피는 것이다. 금융기관은 이를 통해 해당 부동산 PF에 추가 자금을 지원할지 여부를 결정한다.

그 외에 대출 한도를 프로젝트 가치 대비 일정 수준으로 제한하는 최대 담보비율(LTV, Loan-to-value), 최소 2개 이상의 금융기관이 참여해 대출 리스크를 분산하는 신디케이션(차관단), 프로젝트 공사나 자산에 대해 건설·화재·책임보험 등에 가입해 예상치 못한 사고로 인한 손실을 최소화하는 보험 가입 등의 대책이 있다.

부동산PF 뇌관 '책임준공'

국내외적으로 부동산PF 대출에서 금융기관 리스크를 줄이기 위해 시행하는 제도로 '책임준공 제도'가 있다. 시공사가 공사를 공사를 완공하지 못할 경우에도, 책임을 지고 공사를 마무리 짓겠다는 책임을 서약하는 것이다. 이는 시공사가 금융기관에 대출금 회수를 보증하는 지급보증과는 다르다. 시공사의 이같은 '책임준공 확약'은 금융기관과 투자자에게 공사 완공에 대한 보증을 제공한다.

국내에서는 이 제도가 부동산PF 리스크 관리의 핵심 역할을 하고 있다. 그러나 동시에 부동산PF 부실이 실제 위험으로 촉발될 뇌관이 될 수 있다는 지적도 나온다.

이에 금융당국에서는 부동산PF에 대한 구조조정뿐만 아니라 해당 제도 개선으로도 피해 방지에 전력을 다하고 있다.

2025년부터 책임준공(책준) 제도는 준공기한 위반 시 PF 전액이 아니라 '실제 손해액'만 부담하는 쪽으로 제도가 개선된다.

기존 제도 하에서는 준공기한 위반 시 원금에 이자를 포함한 PF 전액에 대해 부동산 신탁사는 손해배상, 시공사는 채무인수 책임을 졌다.

책준의무 이행기간도 '시공사 책준기한+6개월' 또는 공기의 100분의 20 중에서 긴 기간을 택하도록 바뀌고, 신탁사들의 시공사 교체도 쉬워지는 등의 변화가 포함됐다.

신뢰 금융 초석 쌓는 신디케이션

대형 부동산PF 프로젝트에 대해, 금융기관은 동일 조건으로 다수의 자본을 모아 투자하는 전략인 신디케이션론(Syndication Loan)을 통해 투자 기회를 넓히고 리스크 부담을 줄인다.

우리나라에서 최초로 금융시장에 신디케이션 기능을 도입한 곳은 NH투자증권이다.

NH투자증권은 국내 증권사의 인프라 투자 중 역대 최대 규모인 아랍에미리트(UAE) 아부다비 국영석유회사(ADNOC)의 유전

사업에 대해, 미국 인프라 사모펀드인 글로벌인프라파트너스, 캐나다 대체투자 운용사 브룩필드자산운용, 싱가포르국부펀드(GIC), 캐나다 온타리오 교직원연금, 이탈리아 인프라펀드 운용사 스남 등 글로벌 최상위 운용사·연기금을 한데 모아 신디케이션론 방식으로 투자했다.

이 과정에서 금융기관은 투자자 각각의 니즈를 하나로 조율하면서 투자 결정을 하도록 이끄는 신뢰와 리더십을 갖춰야 한다.

부동산PF 손실 규모 얼마?

한국은행에 따르면 2022년 9월 말 기준 비은행권 전체의 부동산 PF위험 노출액 규모는 115조5000억원으로 역대 최대 규모에 달했다.

특히 이번에도 저축은행발 위기가 우려된다. 2005년 부동산 호황으로 PF를 늘리다가 2008년 글로벌 금융위기로 부실 위기를 맞았던 2011년 저축은행 사태 이후, 대다수 저축은행이 건전성을 확충했지만 여전히 적자 늪에 빠져있는 곳들이 많다.

저축은행이 PF 부실 사업장 정리에 소극적인 문제도 있다. 부동산 업황 침체로 부실 PF 자산이 경·공매에서 시세보다 낮게 낙찰되는 가운데, 제 값을 받기 위해 부실 정리를 미루거나 매각이 늦춰지면서 부실이 해소되지 않고 계속 쌓이는 '병목 현상'이 발생하는 상황이다.

이에 시장에서 본격적인 '옥석가리기'가 이뤄져야 한다는 주문이 많다. 저축은행간 인수·합병(M&A) 논의도 수면 위로 올라오고 있다.

당국의 드라이브도 강하다. 금융당국은 저축은행 사태 이후 저축은행에 대해 자금의 20% 이상을 자기자본으로 조달해야 PF에 참여할 수 있게 하는 등 가장 강력한 규제를 가하고 있다.

금융감독원은 2024년 상반기 국내 증권사들에 대해서도 부동산PF 재평가 결과에 따라 '부실 우려'로 분류된 사업장에 대해 충당금을 적립하라고 지시했다.

전문가들은 "부동산 PF는 기업의 신용등급과 관계 없이 미래 현금흐름만 내다보고 막대한 돈을 빌려주는 방식이므로 부동산 호황기가 아니면 위험성이 크다"고 지적한다.

[환차손]
15년 만의 고환율⋯
눈덩이처럼 커진 걱정

06

"윤석열 대통령의 비상계엄 사태 여파로 원·달러 환율이 15년 만에 1450원을 돌파하면서 국내 산업계는 환차손 우려에 빠졌다. 원·달러환율이 1450원을 돌파한 것은 1997년 IMF 외환위기와 2009년 글로벌 금융위기 이후 역대 세 번째다. 이는 계엄 사태 이후 국정운영에 대한 불안이 심화되는 가운데, 미국 연방준비제도(Fed)가 내년 금리인하의 속도와 폭을 줄이겠다고 발표하면서 대내외 악재가 겹친 결과로 풀이된다."

_2024. 12. 22

환율 급등 영향을 크게 받는 국내 석유화학과 이차전지, 항공업계에 비상이 걸렸다. 이들 업종 기업들은 원자재 수입과 해외 공장, 사업체 유지를 위해 외화부채를 보유해야 하므로, 원·달러환율이 상승하면 곧바로 순이익이 감소하는 구조다.

산업계에서는 원·달러환율이 10% 상승할 경우, LG화학은 환차손이 약 5919억원, LG에너지솔루션은 약2389억원, 대한항공은 약4000억원에 이를 것으로 추정한다. 이들 업종 외에도 많은 기업들이 국내외 정정 불안과 불안감 속에 대외채무를 크게 늘린 상황이라 원·달러 환율 급등이 지속되면 실적압박을 받을 수밖에 없다.

환차손이란

요동치는 금융시장 속에서 기업들의 촉각을 곤두세우게 하는 환차손이란 무엇일까?

환차손은 '환율 차이에 따른 손실'의 줄임말이다. 외화를 거래하거나 보유하는 과정에서 환율 변동으로 인해 발생하는 손실을 뜻한다. 예를 들어 달러를 1달러당 1200원에 구매했는데 나중에 환율이 1100원으로 하락하면 해당 외화를 다시 원화로 바꿀 때 손실이 발생한다. 이런 손실을 환차손이라고 한다.

반대 개념은 환차익이다. 환율 변동으로 이익이 발생한 경우가 해당된다.

환차손과 환차익 개념은 외환 거래, 해외 투자, 수출입 기업 등 환율 영향을 받는 다양한 상황에서 중요하게 다뤄진다.

환차손을 걱정하는 이유는?

환차손은 경제 전반과 기업의 재무 상태에 영향을 주기 때문에 우려 요인이 된다.

먼저 기업의 경우, 해외에서 사업을 하거나 외화를 사용할 때 환율 변동으로 예상치 못한 손실을 입을 수 있다. 가령 환율이 낮아진 상태에서 수출 기업은 외화를 원화로 환전해야 하므로 수익이 줄어들 수 있다. 반대로 수입 기업은 환율 상승 시 더 많은 비용을 지불해야 하므로 손실이 커진다.

또 외화로 대출을 받은 경우, 환율 상승으로 상환해야 할 원화 금액 증가로 부채 부담이 커질 수 있다. 특히 환헤지(환율 위험 변동 회피)를 하지 않았다면 영향을 더 크게 받을 수 있다.

기업만 환차손의 영향을 받는 것은 아니다. 개인들도 투자 포트폴리오상 부정적인 영향을 받을 수 있다.

해외 주식이나 ETF(상장지수펀드), 외화 예금 등에 투자한 개인 투자자는 환율 변동으로 자신이 투자한 자산의 가치가 감소해 투자 수익률이 낮아질 수 있다.

국가 경제 측면에서는 환율 변동이 수출입 가격과 무역수지에 영향을 미쳐 인플레이션이나 금융시장 불안정으로 이어질 수 있다.

개인이든 기업이든 환차손을 우려하는 이유는 예측하기 어렵기 때문이다.

환율은 경제 상황이나 중앙은행의 정책, 글로벌 정세 등 다양한 요인에 의해 변동돼 정확히 예측하기 어렵다. 환차손 발생 위험이 상존하는 것이다.

환차손에 대비하려면

환차손에 대비하는 방법에는 여러 가지가 있다. 먼저 환헤지를 통해 환율 변동으로 인한 손실을 줄이는 금융상품을 활용할 수 있다.

선물환 계약처럼 특정 환율로 미래의 환전 조건을 고정할 수도 있고, 미래의 특정 환율에 외화 매매 권리를 구매할 수 있으며, 두 개의 통화간 정해진 조건에 따라 원리금과 이자를 교환할 수도 있다.

또 늘상 변동하는 환율을 모니터링해야 한다.

경제 지표와 글로벌 뉴스를 분석해, 환율에 영향을 주는 경제성장률, 금리, 무역수지, 지정학적 상황 등 다양한 요인을 분석해야 한다. 정기적으로 중앙은행의 발표와 경제지표, 국제 무역데이터를 확인해 환율 변동 가능성도 예측한다.

아울러 시시각각 변하는 환율 추이를 모니터링하면서 환율 변동 시 신속하게 대응하도록 한다.

투자 입장에서 환차손이 우려된다면 투자 포트폴리오를 다변화할 수 있다.

가령 특정 통화에 의존하지 않고 달러, 유로, 엔화 등 다양한 통화에 두루 자산을 배분하면, 특정 통화가 하락해도 다른 통화에서 손실을 상쇄할 수 있다.

해외 투자 시 현지 통화로 자산을 유지하며 환율 변동의 영향을 최소화할 수도 있다. 환율에 연동한 예금이나 펀드 등의 금융상품을 활용해, 환율 변동에 따른 수익 추구도 가능하다. 가령 원·달러 환율 상승 시 수익이 증가하는 구조로 설계한 상품에 투자할 수 있다.

외화 차입 관리 측면에서는 대출 통화와 수익 통화를 일치시키는 조치를 취할 수 있다. 달러 매출 기업은 달러로 대출을 받는 방식으로, 외화 대출 시 대출 통화와 수익 통화를 일치시켜 환율 리스크를 줄인다.

또 외화 대출을 할 때 변동금리보다 고정금리를 선택하면 예측할 수 있는 비용으로 관리가능하다.

기업의 경우, 환율 변동에 대비해 명확한 정책과 리스크 관리팀을 운영해 신속히 대응한다. 리스크 예산을 설정해 환차손이 일정 범위를 넘지 않도록 제한하는 것도 중요하다.

장기적으로는 외화 수입·지출 시점을 미리 분석해 사전에 필요한 환율 수준을 계획하는 방법도 있다. 또 아예 해외 사업 지역을 다변화해, 특정 국가의 환율 리스크에 의존하지 않고 리스크를 여러 나라로 분산하는 방법도 있다.

한국, 15년 만의 고환율…왜 문제?

한국은행에 따르면, 2024년 3분기 말 기준 국내 기업·금융권 전체 대외채무 합계액은 4298억6400만달러(약 622조6150억원)다. 지난해 말 대비 97억5200만달러, 현재 원·달러환율에 맞추면 14조1296억원 늘어난 수치다. 향후 원화가치가 추가 하락하면 채무액수는 더 커질 전망이다.

고환율은 기업의 재무 상태를 악화시키고, 경제 전반에는 인플레이션과 성장 둔화를 초래할 수 있어 우려된다.

따라서 정부나 중앙은행은 여러 방식으로 시장에 개입해 고환율 리스크를 완화하려고 한다. 구체적으로는 외환보유고를 활용한 개입, 환율 안정화 정책, 기업 지원 프로그램 등을 통해 고환율 리스크를 덜 수 있다.

이번 환율 사태로 인해, 한국의 금융당국은 환율 변동을 둘러싼 국내 금융시장 급변동에 긴박하게 대응하고 있다.

2024년 12월 19일 원·달러환율이 금융위기 이후 최고 수준에 이르자, 정부는 가용 수단을 총동원해 달러 가치 하락을 유도했다.

구체적으로는 국민연금과 금융기관 등 달러 수요가 많은 곳이 개입해, 시장의 달러 수요를 잠시 이연하도록 지원하거나 반대로 달러 매도를 유도하는 방식이다.

외환당국인 기획재정부·한국은행은 국민연금공단과의 외환 스와프(FX Swap) 거래 한도를 현행 500억달러(약 72조6000억원)에서 650억달러(94조3000억원)로 늘렸다. 스와프 계약 기한은 내년 말까지 연장했다. 외환 스와프는 외환당국이 보유한 달러를 국민연금에 주고, 국민연금이 상응하는 원화를 외환당국에 준 다음, 만기일이 오면 그때 환율로 돌려받는 계약이다.

국민연금은 해외자산 투자를 위해 달러를 현물환 시장에서 사들인다. 그러면 시중에 달러가 줄어 환율이 오른다. 만약에 외환당국이 국민연금이 필요로 하는 달러를 확대·공급하면 국민연금은 시장에서 달러를 사들이지 않아도 되고, 그러면 달러 매입 수요가 완화되면서 환율 안정 효과가 나타난다. 국민연금도 고환율 상황에서 원화를 많이 들여 달러를 사지 않아도 되기 때문에 기금 수익에 도움이 된다.

또한 국민연금은 제8차 기금운용위원회를 열고 기금의 환헤지 비율을 한시적으로 최대 10%까지 높인 것을 1년 연장하기로 했다. 환헤지 비율을 올리면 달러 공급이 늘어나 원화가 안정되고 원·달러환율이 내려가는 효과가 나타난다.

금융시장이 요동치자 당국은 환율 안정을 위해 구두 개입하기도 했다. 최상목 부총리 겸 기획재정부 장관은 거시경제금융회의에서 "24시간 금융·외환시장 점검체계를 가동하며 과도한 변동성에는 추가적인 시장 안정 조치를 과감하고 신속하게 시행하겠다"고 말했다.

금융위원회와 금융감독원은 2024년 말 도입 예정이던 은행권의 스트레스 완충자본 규제 도입을 2025년 하반기 이후로 연기하기도 했다. 환율 급등으로 은행 위험가중자산이 증가하고 외화 환산 손실도 커져, 손익과 건전성이 동시 악화되는 것을 막기 위해서다.

PART

2

[외화예금]

가입 '열풍'…
남몰래 웃는 투자자들

"환율이 1400원대를 돌파하면서 미리 달러에 돈을 묻어놨던 개미투자자들은 남몰래 웃었다. 고환율로 외환보유고 우려가 높아지고 국민연금 등이 환율 변동 방어자금을 쏟아붓는 상황에서, 진작부터 달러화 예금을 들어놨던 투자자들은 차익실현에 나서고 있다. 한국은행에 따르면, 지난달 국내 거주자의 외화예금이 두달 연속 감소했다. 11월 국내 거주자 외화예금은 전달 대비 5억4000만달러 줄어든 984억3000만달러를 기록했다." _2024. 12. 29

거주자 외화예금이란 내국인과 국내 기업, 국내에 6개월 이상 거주한 외국인, 국내 진출 외국 기업 등이 국내에 보유하고 있는 외화예금을 말한다. 통화별로는 달러화 예금이 2024년 11월 말 826억3000만달러로 전달보다 1억1000만달러 줄어들었다. 그만큼 개인과 기업들의 차익 실현이 많았다는 뜻이다.

외화예금이란

외화예금은 미국 달러, 유럽연합 유로, 일본 엔, 중국 위안 등 십여 국가 이상의 통화로 보통예금·정기예금을 가입하는 것을 말한다. 국내 은행에서 제공하는 서비스이며, 개인과 기업이 국제 거래나 환율 변동에 대비하기 위해 활용하는 경우가 많다. 은행에 따라 호주 달러 등을 취급하기도 한다.

금리는 일반적으로 원화예금보다 낮으며 국제 시장금리와 해당 통화 국가의 경제 상황에 따라 금리가 변동된다.

외화 예금액은 환율에 따라 원화 환산 가치가 달라진다. 환율이 오르면 원화 기준 예금 가치가 줄어들고 반대는 늘어난다. 최근처럼 환율이 1400원대를 돌파한 상황에서는 달러화 예금 잔액의 가치도 증가하게 된다.

외화예금은 예금자보호도 받을 수 있다. 예금자보호법에 따라 1인당 최대 5000만원(원화 환산)까지 보호받는다.

세금도 원화예금과 동일하게 이자소득세와 주민세가 부과되지만, 환차익에 대한 과세는 따로 부과되지 않는다.

발빠른 개미투자자들은 달러화 예금에 돈을 묻어놨다가 최근의 환율 급등을 틈타 차익 실현에 나서는 모양새다. 환율의 추가 상승을 노리고 최근 달러화 예금에 올라타는 투자자들도 늘고 있다.

금융권에 따르면 국민·신한·하나·우리 등 4대 시중은행의 달러 예금 잔액은 2024년 12월 19일 기준 559억3900만달러(81조2000억원)으로 전달 말 대비 5조2000억원 이상 불어났다.

'재테크의 신' 달러예금

특히 미국 달러화 강세가 고착화되고 있는 현 시점에서 과거 사례를 되돌아보면, 환율 급상승기에 달러화 예금이 큰 수익을 냈다.

1997년 외환위기 당시 원·달러 환율이 800원에서 2000원 가까이 치솟으면서, 당시 위기를 예상하고 달러를 보유하거나 달러화 예금을 든 투자자들은 큰 환차익을 얻었다.

가령 외환위기 전 1만달러를 보유하던 투자자는 위기 후 원화 가치가 800만원에서 2000만원으로 크게 늘면서 높은 환차익을 거뒀다.

2008년 글로벌 금융위기 당시에도 한국 원화가 급격한 약세를 보이면서 원·달러 환율이 2007년 930원에서 2008년 말 1570원까지 급등했다. 이에 달러화 예금을 들어놓은 투자자들은 50% 넘는 환차익을 실현한 것으로 집계된다.

2019~2020년 코로나19 팬데믹 초기에도 글로벌 경제 불확실성이 커지면서 안전자산으로 꼽히는 미국 달러 수요가 크게 늘었고, 원·달러 환율이 2020년 초 1150원 수준에서 1280원 이상으로 상승했다.

당시 해외 투자를 준비하거나 환율 리스크를 대비해 달러화 예금을 유지했던 개인과 기업들은 환차익을 얻었다.

2022년 미국 연방준비제도(Fed)의 공격적인 금리 인상으로 달러화 강세가 나타나면서 원·달러 환율이 1440원까지 올랐다. 이에 대비해 미리 달러화 예금에 든 투자자들은 수익을 거뒀다.

외화예금 가입 시 주의할 점

외화예금은 해당 통화의 가치가 원화보다 상승하면 이익이지만, 반대로 원화보다 하락하면 손실이 발생한다. 가령 1달러가 1300원일 때 예치했는데 만기 시 환율이 1200원이라면 환차손이 발생한다. 따라서 환율이 낮을 때 외화를 매수해야 하고, 장기적으로 상승 가능성이 높은 통화에 투자해야 한다.

외화예금은 일반적으로 금리가 원화예금보다 낮다. 특히 글로벌 기준금리가 낮은 미국 달러나 일본 엔과 같은 통화는 금리가 거의 없거나 매우 낮은 수준인 점을 감안해야 한다. 정기예금 상품도 금리가 연 1% 미만일 수도 있다.

외화예금을 거래할 때 환전수수료가 발생한다는 점도 고려해야 한다. 가입할 때 수수료 우대 혜택이 있는 상품을 고르는 것이 좋다.

최근 환율 하락으로 극심한 인플레이션에 시달리고 기준금리가 50%까지 치솟은 튀르키예 리라 등 특정 국가의 통화가 경제위기로 폭락할 수 있음에 유의해야 한다. 특정 통화에 집중 투자했다가 해당 통화의 가치가 급락할 경우 큰 손실을 볼 수 있다. 다양한 통화에 분산투자하는 것도 하나의 방법이다.

[내부통제]

금융사고 발생 이후⋯
금융사 신뢰 회복책

08

"주요 금융지주의 수장과 신임 은행장들은 입을 모아 신년 목표로 내부통제'를 내세웠다. 지난해 수 차례 금융사고가 발생해 금융회사에 대한 고객 신뢰가 저하된 만큼, 2025년에는 시스템을 정비해 신뢰 회복에 나서겠다는 입장이다. 특히 최근 내홍을 겪은 임종룡 우리금융그룹 회장은 신년사에서 '신뢰'라는 단어를 12번 언급하며 남다른 각오를 내비쳤다."

_2025. 1. 5

임 회장은 "신뢰가 훼손된 우리금융을 더 단단한 신뢰의 기반 위에 바로 세우는 것은 지금 우리가 해야만 하는 일"이라고 강조했다.

진옥동 신한금융지주 회장도 "관리, 감독, 평가, 모니터링 전반을 살펴 실효성 있는 내부통제를 확립하고 핵심 경쟁력으로 정착시킬 것"이라며 내부통제를 우선 목표로 제시했다.

시중 은행장들도 내부통제 필요성에 목소리를 높였다.

정상혁 신한은행장은 "빈틈없는 내부통제가 지속가능 성장을 위한 핵심 요소"라고 강조했다.

강태영 신임 NH농협은행장은 2025년 1월 3일 열린 취임식에서 "고객이 우리를 믿고 안심하고 거래할 수 있는 환경을 조성하겠다"며 "업무 재설계를 통해 모든 프로세스를 시스템화하고 취약점을 전면 재정비해 내부통제를 강화하고 금융사고 제로화를 실현할 것"이라고 말했다.

그럼 주요 금융권 수장들이 앞다퉈 그 중요성을 강조하고 나선 '내부통제'란 무엇이고 왜 중요할까?

내부통제란

내부통제는 조직 자체적으로 세운 기준에 따라 조직의 모든 구성원이 이행해야 하는 절차를 의미한다. 이같은 내부통제 절차는 효율적인 영업, 신뢰성 있는 재무보고, 준수해야 할 법규 및 규정 등을 효과적으로 달성하기 위해 필수적이다.

금융회사는 내부통제 제도 운영을 통해 회사자산 보전, 신뢰성 있는 재무보고 체계 유지, 법규 준수 등을 효과적으로 달성하는 동시에, 영업활동 관련 오류나 일탈 행위 여지도 줄일 수 있다. 또 문제나 오류가 발생하더라도 시의적절하게 감지해 실질적인 시정조치를 취할 수 있다.

내부통제 제도의 운영 주체는 조직의 모든 구성원이다. 경영진과 이사회뿐만 아니라, 감사위원회와 중간관리자, 일반 직원에 이르기까지 조직 내 모두가 참여해야 한다.

내부통제 시스템을 제대로 운영되려면 통제 환경과 리스크 평가, 회계정보와 의사소통, 모니터링 등 5가지 기본 요소를 적절히 갖춰야 한다.

내부통제 제도와 시스템이 잘 갖춰진 조직은 그만큼 공인회계사의 외부감사 평가를 원활하게 받을 수 있다.

금융권 내부에서 바라보는 내부통제는 결국 잘못에 대한 책임을 누가 지는가가 명확해지는 것이다.

직무 분리와 승인 절차 개선, 거래 모니터링 시행 등을 통해 조직 내 금융사고 등이 발생했을 때 책임소재를 분명히 함으로써, 조직 내 운영이 투명하고 체계적으로 이뤄지고 있다는 기본적인 내부 신뢰부터 갖추게 된다.

내부통제 왜 중요한가?

내부통제는 단순한 법적 의무를 넘어 조직의 건전한 성장과 신뢰 유지를 위한 핵심 요소다.

금융사고 방지는 물론, 기업의 재무건전성 확보, 장기적인 성공을 위해 반드시 갖춰야할 덕목이 내부통제다.

내부통제는 기업이 법과 회계 기준을 준수하게 강제함으로써, 궁극적으로 규제 당국의 제재를 예방하는 효과를 낸다.

기업이 금융회사의 지배구조법, 외부감사법, 자본시장법 등 기업 활동에 적용되는 여러 법들을 제대로 준수하도록 하기 때문이다.

또한 정확하고 신뢰할 수 있는 재무제표 작성을 가능케 해, 외부감사 시 적정 감사의견을 받을 가능성을 높인다. 이는 곧 회사 자산의 오남용을 막고, 횡령·배임·분식회계 등 부정을 예방할 수 있게 해준다.

경영진과 임직원은 기업 운영에 대해 더 책임감을 갖고 경영하고, 주주와 이해관계자들은 기업을 더 믿을 수 있게 된다.

내부통제 시스템이 잘 갖춰져 있으면 각종 리스크를 사전에 식별할 수 있어 경영 위기를 줄일 수 있다. 이는 궁극적으로 고객 신뢰로 이어진다.

내부통제가 잘 이뤄지는 회사는 그만큼 고객의 자산과 개인정보를 잘 보호하고 투명하고 공정한 영업 활동으로 자연스럽게 투자자 보호가 이뤄질 수 있다.

내부통제를 위해 표준화된 절차는 업무 일관성을 높이고 오류는 줄여 일의 효율성을 높일 수 있다.

책무구조도 도입

2023년 미국 실리콘밸리은행(SVB)의 파산과 스위스 1위 은행 UBS의 2위 은행 크레디트스위스 인수는 모두 그 원인으로 부적절한 리스크 관리와 내부통제가 꼽힌다.

국내 금융사들도 최근 횡령·배임 등 대형 금융사고가 잇달아 터지면서 내부통제가 미흡했던 것 아니냐는 비판의 목소리가 제기된다.

새해 들어 내부통제 강화를 위한 책무구조도가 본격 시행되면서 이같은 비판은 수그러들 전망이다.

2025년 1월 2일 기준으로 책무구조도 시행 대상 금융사 60여곳이 모두 금융당국에 책무구조도 제출을 마쳤다.

책무구조도란 금융회사가 임원별 내부통제 책무를 사전에 명확히 구분하고, 각 임원이 금융사고 방지 등 내부통제 의무를 적극적으로 이행하기 위한 제도다. 내부통제 사고 우려가 있는 주요 핵심 업무에 대해서는 최종책임자를 특정, 내부통제 리스크의 책임을 하위 직원에게 떠넘기는 것을 방지하는 것이 책무구조도의 핵심이다.

이번 책무구조도의 본격 시행에 따라 금융사고 발생 시, 책무구조도에 명시된 본인 책무를 소홀히 해 사고가 발생했다고 판단되면 해당 임원이나 직원은 당국의 제재를 받을 수 있다.

특히 이번 책무구조도 도입으로 대표이사(CEO)에게도 명확한 책임이 부여된다. 개별 사건마다 대표이사에게 책임을 묻기는 어려워도, 유사한 사고가 반복적으로 발생하는 경우, '내부통제 관리 소홀'이라는 책무구조도 명시 근거를 통해 대표이사에게 중징계 처리할 수 있도록 했다.

여기서 언급된 중징계는 △해임 △직무 정지 △재취업 금지

등으로 수위가 높다.

이를 통해 금융사고가 발생해도 징계는 실제 사고를 낸 실무자에게 집중돼 말단 직원만 '꼬리 자르기' 한다는 비판을 일부 잠재울 수 있게 됐다.

[유상증자]
기업 자금 조달 창구···
금융당국은 규제 대상

"최근 금융감독원이 잇달아 기업들의 유상증자를 막고 있다. 금감원은 금융시장 안정과 투자자 보호를 위한 조치라고 밝히고 있는데, 일부 기업은 금감원이 요구한 정정신고서를 제출하고서 겨우 문턱을 넘는 모양새다. 이에 금융당국이 기업의 자금 조달 창구를 강제로 틀어막는다는 비판도 제기된다."

_2025. 1. 12

그럼 기업들이 자금 조달 창구로 활용하는 유상증자는 무엇이고 왜 중요할까? 또 금융당국은 왜 무분별한 유상증자를 막으려고 하는 걸까?

유상증자란

유상증자는 기업이 신규 자금을 조달하기 위해 기존 주주나 새로운 투자자들에게 대가를 받고 신주(새로운 주식)를 발행하는 것을 의미한다. 주주는 신주를 받는 대가로 회사에 자금을 납입하고 기업은 이로써 자본금이 늘어나게 된다.

유상증자는 주주 배정 유상증자, 일반 공모 유상증자, 제3자 배정 유상증자로 나뉜다.

주주 배정 유상증자는 기존 주주에게 신주 인수권을 부여하면 해당 주주가 일정 비율로 신주를 매입하는 방식을 말한다.

일반 공모 유상증자는 불특정 다수를 대상으로 신주를 발행하는 것으로 기존 주주 외의 투자자도 참여할 수 있다.

제3자 배정 유상증자는 기관투자자나 전략적 파트너 등 특정 투자자에게 신주를 배정하는 것으로 경영권 방어나 전략적 제휴를 위해 활용되기도 한다.

기업은 유상증자를 통해 신규 사업 투자나 연구개발(R&D), 인수합병(M&A) 등을 위한 자본을 확충하고, 부채를 상환해 재무구조를 개선할 수 있다. 또 경영난 해소나 안정적 운영 자금 마련을 꾀하기도 한다.

금융당국, 왜 유상증자 막나

기업의 유상증자는 기존 주주의 지분 가치를 희석하고 기업의 주가 하락을 초래할 수 있는 리스크가 있다. 특히 추가 자금을 투입할 여력이 부족한 소액주주들이 피해를 볼 수 있다.

이런 리스크는 기업들이 경영상 어려움을 타개하거나 과도한 자금 조달을 위해 무분별하게 유상증자를 진행할 때 발생한다.

금융당국이 우려하는 부분은 정보비대칭이다. 만일 재무 건전성이 취약한 기업이 투자자에게 이를 제대로 알리지 않은 채 유상증자로 자금을 조달하려고 한다면, 금융당국은 이를 방지할 책임이 있다.

또한 기업이 유상증자로 주가 조작을 시도하거나 특정 세력에게만 신주를 배정하는 방식으로 시장 질서를 어지럽힐 수 있기 때문에 당국은 이를 제재하게 된다. 가령 경영진이나 대주주가 사전 정보를 활용해 부당 이익을 취하는 경우를 방지한다.

재무적으로 불안한 기업이 무리하게 유상증자를 진행하고서 신규 자금을 부채 상환이나 경영 안정화가 아닌 방만한 운영에 사용할 가능성이 있다고 판단되면, 당국은 이를 제한할 수 있다. 따라서 유상증자와 같은 중요한 경영상의 결정은 공정한 공시와 충분한 정보 제공이 선행돼야 한다.

[공모가]
기업가치 상승 기대감…
IPO 흥행의 지표

10

"올해 기업공개(IPO)의 최대어인 LG CNS가 공모가 최상단을 확정하며 흥행에 성공했다. LG CNS의 최대주주인 LG의 기업가치도 상승하리란 기대감이 나온다."

_2025. 1. 19

    LG CNS의 상장 후 예상 시가총액은 약 6조원 규모다. LG CNS는 상장을 통해 최대 6000억원의 투자재원을 확보하게 되며 이를 통해 기술 역량을 한층 강화하고, 글로벌 사업 경쟁력을 강화해 인공지능 전환(AX) 시장을 이끌어간다는 계획이다.

    그럼 최대주주인 LG의 주가 상승까지 점치게 하는 LG CNS의 공모가는 무엇이고 왜 중요할까?

공모가란

공모가는 기업이 주식을 새로 발행해 증권시장에 상장할 때 일반투자자들에게 판매하는 가격을 말한다. 주로 IPO 과정에서 결정된다.

공모가 결정 과정을 보면, 먼저 기업과 주관사(증권사)가 기업 가치를 평가해 희망 공모가 범위를 설정해 제시한다. 이를 바탕으로 기관투자자를 대상으로 수요예측을 실시해 얼마의 가격에 얼마만큼의 주식을 사고 싶은지 조사한다.

수요가 많을수록 공모가는 범위의 상단 또는 초과로 결정될 수 있으며, 반대로 수요가 적으면 하단이나 그 이하로 결정될 수 있다.

수요예측 결과를 토대로 최종 공모가를 확정한다.

LG CNS의 경우, 희망공모가액 5만3700원~6만1900원 중 최종 공모가는 최상단인 6만1900원에 확정했다.

수요예측에는 국내외 기관투자자 2059곳이 참여해 114대1의 경쟁률을 기록했다. 수요예측에 모인 자금은 약 76조원이다. 특히, 참여한 기관투자자의 약 99%가 밴드 최상단인 6만1900원 이상의 가격을 제시한 것으로 알려졌다. 이는 LG CNS의 높은 성장성을 시장에서 입증 받은 것이라는 평가다.

일반투자자들은 공모가에 따라 주식을 청약할 수 있다. 이후 주식이 상장되면 공모가와 비교해 실제 거래 시작가격이 결정되고 이후 시장 수급에 따라 변동된다.

다만 일부 기업들의 경우 높은 공모가 산정과 이에 따른 물량

출회로 주가하락이 이어져 투자자들이 피해를 보기도 한다.

공모가가 중요한 이유

공모가는 투자판단의 기준이 된다는 점에서 중요하다. 공모가는 상장 후 주가의 기준점이 되며, 첫 거래일의 주가 움직임에 큰 영향을 미친다. 또한 기업은 공모가를 통해 조달가능한 자본을 결정할 수 있다.

일례로 카카오페이는 공모희망가 최상단인 9만원을 기록했고, 이후 공모를 통해 확보한 자금으로 △증권 리테일 사업 확장 △디지털 손해보험사 자본 확충 △핀테크 기업 인수·합병(M&A) 등의 전략적 투자를 통해 금융서비스를 확장하고 시장 경쟁력을 높였다.

전력전송 솔루션 전문기업인 위츠는 공모자금으로 베트남 생산법인 2공장을 증축해 글로벌 경쟁력을 강화하고 전장부문 사업 확장, 첨단기술 도입 등을 꾀했다.

백종원의 더본코리아는 상장을 통해 조달한 약 800억원의 자금 중 95%를 M&A에 투자할 계획을 세웠다. 다양한 분야의 기업 인수를 통해 식음료 밸류체인을 확대하고 종합 식음료 기업으로 발돋움한다는 전략이다.

한편 일반투자자는 적정하게 책정된 공모가를 통해 수익을 얻을 수 있다.

시초가와의 차이

공모가는 종종 시초가와 혼동된다. 시초가는 주식이 증권시장에 상장된 첫 거래일에 실제 시장에서 최초로 형성되는 가격을 뜻한다. 수요와 공급에 따라 매수, 매도 주문이 접수되며 경쟁 매매를 통해 가격이 결정된다. 공모가와 다르게, 첫 거래일의 수요에 따라 공모가보다 높거나 낮게 형성될 수 있다.

신규 상장 종목의 경우, 시초가는 공모가의 90~200% 범위에서 대체로 결정된다. 가령 공모가 1만원으로 신규 상장된 종목 A가 있다면, 시초가는 수요가 몰리며 공모가 대비 80% 상승한 1만8000원에 결정될 수 있다. 상장일 종가는 시초가보다 소폭 내린 1만6500원에 형성될 수 있다.

공모주펀드 동향

2024년 말 공모주펀드에서는 투자자금이 썰물처럼 빠져나갔다. 금융정보업체 에프앤가이드에 따르면, 2024년 12월 말 기준으로 공모주펀드 156개에서 최근 3개월간 4572억원이 감소했다. 최근 1개월 동안만 2105억원이 줄어들었다.

2024년 10월 이후 상장한 기업 30개(스팩 상장 제외) 중 18개가 상장일 당일 종가가 공모가를 밑도는 상황이 이어지는 등 IPO 시장이 위축된 탓이다.

2024년 상반기 시장 활황에 따른 공모가 고평가 문제와 전반적인 국내 증시 부진 등도 원인으로 꼽혔다.

  2025년에는 LG CNS와 같은 대형 IPO와 점진적인 금리 인하 환경, 공모주 재간접 펀드에 대한 규제 도입 논의 등의 제도 변화가 공모주펀드 시장의 회복 기대감을 불러 일으키고 있다.

[블록딜]
"묶어서 미리 판다"…
상호주 제한 카드

11

"오는 3월 열리는 고려아연 정기 주주총회에서 집중투표제 방식으로 이사를 선임할 수 있게 되면서, 영풍의 의결권 행사를 막기 위한 고려아연의 '블록딜'이 긴박하게 이뤄졌다. 고려아연이 23일 임시 주총을 앞두고 영풍이 의결권을 행사할 수 없도록 고려아연의 최씨 일가가 영풍 지분 일부를 블록딜로 매각한 것이다."

_2025. 1. 26

이 블록딜은 모회사와 자회사가 상호 10% 이상 지분을 보유하면 서로 각 회사에 대한 의결권을 행사하지 못하게 돼 있는 '상호주 제한'을 활용하기 위한 카드로 단행됐다.

장외 거래를 통해 영풍정밀을 포함, 유중근 씨, 최창규 영풍정밀 회장, 최창근 고려아연 명예회장, 최정운 씨 등 최씨 일가가 고려아연 호주법인인 선메탈코퍼레이션(SMC)에 영풍 지분 일부를 블록딜로 매각했다.

그럼으로써 영풍과 고려아연, SMC간 순환출자 고리를 형성해 영풍이 의결권을 행사할 수 없도록 발을 묶었다.

경영권 다툼의 당사자인 영풍·MBK 연합은 즉각 반발했다. 영풍·MBK 연합은 2025년 1월 24일 온라인 기자간담회를 통해 고려아연 최 회장과 박기덕 대표이사를 비롯해 신규 순환출자 형성에 가담한 관계자들을 공정거래법 위반·배임 등 혐의로 공정거래위원회와 검찰에 고발할 계획이라고 밝혔다.

그러나 고려아연은 기다렸다는 듯 대타협과 시너지 창출 등 '윈·윈'의 청사진을 제시했다. 고려아연은 같은날 기자회견에서 이사회를 MBK에 전향적으로 개방하겠다고 밝혔다. 아울러 2022년 제시한 신재생 에너지·그린수소, 폐기물 리사이클링, 2차전지 소재사업 등 미래 신사업 프로젝트인 '트로이카 드라이브'를 통해 사모펀드의 금융자본 경쟁력과 고려아연의 산업자본 경쟁력이 시너지를 내는 방안을 제안했다.

그럼 고려아연의 경영권 분쟁에서 고려아연 측의 구원투수 역할을 한 블록딜은 무엇이고 왜 중요할까.

블록딜이란?

블록딜(장외대량매매)은 증권시장에서 기관 또는 큰손들의 대량매매를 가리킨다. 시장에 주식이 대량으로 나오면 시장가격에 영향을 줘서 팔고자 하는 가격에 팔 수 없는 상황이 초래된다.

이에 따라 주식을 대량보유한 매도자가 사전에 자신의 매도 물량을 인수할 수 있는 매수자를 구해 시장가격에 영향을 미치지 않도록 장 시작 전이나 장 종료 후 시간외매매로 전일종가 또는 당일종가로 주식을 넘기는 매매를 말한다. 이로써 장중 주가 급락은 피할 수 있으나 다음날 주가가 하락할 가능성이 높다.

증권사 등 기관투자가는 지분을 대량 매입하기로 미리 약속하는 대신에, 당일 종가보다 얼마간 할인된 가격(일반적으로 5~8% 정도)에 주식을 받아간다.

블록딜이 중요한 이유

블록딜은 대량매매가 이뤄질 때 주가가 폭등하거나 폭락하는 등 급격히 변동하는 시장 충격을 완화하는 효과를 낸다.

또한 기업 주식을 대량 매각하려는 주체와 이를 사들이려는 투자자간 유동성을 제공하는 역할도 한다.

기관투자자나 큰손들은 포트폴리오 조정이나 전략적 거래 시 블록딜을 자주 사용한다. 이들은 블록딜을 통해 지분 정리, 경영권 확보, 전략적 파트너십 제휴 등을 수행한다.

가령 기업의 대주주는 경영권 매각이나 현금화 목적으로 보유 지분을 대량매도할 때 블록딜로 거래한다.

또한 기관투자자들이 포트폴리오 조정을 위해 대량의 주식을 빠르게 사고팔 때 시장 영향을 최소화하면서 거래를 마무리할 수 있다. 기업 인수합병(M&A) 시 블록딜이 경영권 확보의 중요한 수단이 될 수 있다.

한편 일반투자자들에게 주식의 대량매도 소식은 부정적인 시그널이 되는데, 블록딜은 이러한 정보를 미리 통제하는 수단으로 활용된다.

블록딜은 시장 안정성을 유지하면서 대규모 거래를 가능케 하므로 자본시장에서 매우 중요한 역할을 한다.

블록딜 전 공매도의 문제

블록딜이 문제시되는 경우는 증권업계의 관행적인 '블록딜 전 공매도'가 발생할 때다. 증권업계는 그간 관행적으로 블록딜로 지분 인수하기 전 미리 공매도를 해왔다.

블록딜 전에 해당 종목 주가가 하락할 것을 예상하고 공매도를 하는 것이므로 투자전략의 일환으로 볼 수 있지만, 다음의 문제가 제기될 수 있다.

먼저 대규모 블록딜 거래 정보를 미리 알고 수익을 취하는 정보비대칭 문제가 떠오른다. 또한 블록딜 전 대량 공매도로 해당 주가가 과도하게 하락하면서 일반투자자에게 손실을 입히는 시장 왜곡 문제가 발생할 수 있다.

금융당국은 2016년 이후 블록딜 전 공매도에 대해 불법 여부를 조사하고 있다. 증권업계는 블록딜 이후 일반적으로 해당 회사 주가가 급락하므로 헤지(위험회피) 차원에서 공매도가 불가

피하다고 주장한다.

 그러나 당국과 법조계에서는 블록딜 정보가 사전에 유출돼 공매도로 이어질 경우 내부자 거래 혐의가 제기될 수 있으므로, 시장 투명성을 높이기 위해 관련 데이터를 정밀분석한다는 입장이다.

[순환출자]

경영권 보루 vs 시장 독점

"영풍·MBK파트너스와 고려아연 사이의 경영권 다툼이 순환출자를 둘러싼 공정거래법 위반 시비로까지 번지고 있다. 2일 업계에 따르면 영풍·MBK파트너스는 지난달 31일 고려아연과 최윤범 회장을 포함, 고려아연의 100% 자회사 선메탈코퍼레이션(SMC)의 전현직 이사진들을 공정거래법 위반 혐의로 공정거래위원회에 신고했다. 사유는 최 회장 측이 고려아연에 대한 영풍의 의결권을 제한하기 위해 상호출자를 제한하는 입법 취지를 정면으로 위배하는 탈법적 출자구조를 만들어냈다는 것이다."

_2025. 2. 2

최 회장 측은 고려아연 임시주총 전날인 2025년 1월 22일 늦은 오후 보유 중이던 영풍 지분 중 10.33%를 SMC에 575억원을 받고 매각했다. 이로써 고려아연의 25.4% 지분권자인 영풍에 대한 상호주 구도를 만들어냈다. 그러면서 영풍의 고려아연 의결권 전체를 제한해 23일 열린 임시주총에서 최 회장 측이 손쉽게 승리할 수 있도록 했다.

영풍·MBK 측은 SMC 명의의 영풍 주식 취득은 공정거래법 제21조에 따라 금지되는 상호출자제한 기업집단 내 상호출자 금지를 회피한 탈법행위(공정거래법 제36조 제1항)에 해당된다고 주장한다.

그럼 고려아연 측이 경영권 다툼에서 승기를 잡기 위해 활용한 순환출자란 무엇이고 왜 중요할까?

순환출자란

순환출자는 기업 집단 내 계열사들이 서로 지분을 보유해 출자 구조가 순환하는 형태를 말한다. 예를 들어 A사가 B사의 지분을 보유하고, B사는 C사의 지분을 보유하며, 다시 C사는 A사의 지분을 보유하는 방식이다.

기업들이 순환출자 구조를 이용하는 것은 먼저 소수 지분으로 그룹을 지배할 수 있기 때문이다. 대기업 총수인 오너가 적은 지분만 갖고도 여러 계열사를 거쳐 그룹 전체를 지배할 수 있는 구도가 만들어진다.

또한 고려아연의 사례처럼 외부 세력이 경영권을 위협할 경우, 계열사 간 지분 보유를 통해 경영권을 방어할 수 있게 한다. 고려아연은 선메탈홀딩스를 통해 SMC를 100% 소유한 상태에서 최근 영풍 지분 10.33%를 SMC에 매각함으로써, '고려아연 → 선메탈홀딩스 → SMC → 영풍 → 고려아연'으로 이어지는 신규 순환출자 구조를 형성했다. 이러한 구조 하에서 고려아연은 영풍이 보유한 고려아연 주식 25%의 의결권을 제한할 수 있었다.

다만 기업 간 소유관계가 복잡하게 얽히면서 지배 구조가 불투명해질 수 있는 단점이 있다. 출자 구조가 복잡한 것 자체는 문제시되지 않지만, 이로 말미암아 기업 경영의 책임 소재가 불명확해지고 내부자 거래 가능성이 높아지기 때문이다.

또한 부실 계열사에 다른 계열사가 자금 지원을 하면서 그룹 전반의 재무 건전성을 악화시키는 문제가 발생할 수 있다.

순환출자 구조를 통해 몸집을 불린 특정 대기업이 시장을 독점하면서, 시장의 건전한 경쟁을 저해할 우려도 있다.

순환출자 규제

한국에서는 순환출자를 통한 재벌 그룹의 지배력 강화를 막기 위해 공정거래법을 통해 이를 규제하고 있다.

2013년부터 신규 순환출자는 금지됐으며 기존 순환출자도 점진적으로 해소하는 방향으로 정책이 운영되고 있다.

대표적인 예가 삼성그룹이다. 삼성그룹은 과거 '제일모직→ 삼성생명→ 삼성전자→ 제일모직'으로 이어지는 순환출자 구조를 통해 그룹을 지배했으나, 이른바 2013년 공정거래법 개정에 따라 순환출자 구조를 해소하고 지배구조를 단순화하는 방향으로 바뀌었다.

제일모직과 삼성물산이 2015년 합병되면서 삼성물산으로 존속하고, 합병 후 순환출자 해소를 위해 2018년 삼성SDI의 삼성물산 지분 매각, 삼성전기와 삼성화재의 삼성물산 지분 매각을 통해 순환출자 구조를 제거했다.

해외 사례를 보면, 일본은 과거 '게이레츠'라는 기업 집단이 순환출자를 활용하다가 금융위기 이후 이를 개편했다.

게이레츠는 말 그대로 '기업집단'이란 뜻으로, 재벌가가 실질적 대주주이면서 계열사를 독점 지배하는 자이바츠(재벌)와 달리, 사장회를 중심으로 상호출자를 통해 연결되고 실질적 대주주는 없는 구조를 지닌다. 사장회란 과거 자이바쯔 산하의 대기업과 그 계열사들의 경영자들이 모인 것으로 미쓰이 계열, 미쓰비시 계열, 스미토모 계열과 은행 계열들이 있다.

독일의 AMB Generali사와 프랑스 AXA, 스웨덴 SHB 등 일부 나라의 기업들도 순환출자 구조를 이용해 기업 지배력을 강화한 바 있다. 그러나 최근에는 유럽도 기업 지배구조의 투명성과 책임성 문제를 이유로 이를 규제하는 추세다.

PART 3

[ETF]
전세계적 인기몰이 나선 투자상품

"상장지수펀드(ETF)에 대한 투자 열풍이 날로 뜨거워지면서 국내 ETF 시장 규모가 이달 들어 180조원을 넘어섰다. 국내 자산운용사들은 ETF 투자 수요를 잡기 위해 앞다퉈 수수료를 인하하면서 무한경쟁에 돌입하고 있다."

_2025. 2. 9

전세계적으로도 ETF는 투자 열풍을 일으키고 있다. 2024년 5월 기준 글로벌 ETF 규모는 13조달러(10조달러=1경원)로 집계됐다. 1년새 3조달러가 또 늘었다. 그럼 ETF는 어떤 상품이고 왜 인기가 있을까?

ETF의 구조

ETF는 펀드의 성격을 가지고 있지만 개별 주식처럼 거래소에 상장돼 매매할 수 있는 투자 상품이다.

ETF는 코스피200, S&P500 등 특정 지수를 추종하거나, 신재생에너지·반도체 등 특정 업종 또는 채권·원자재 등 특정 자산군에 투자하도록 설계된다.

ETF는 이같은 기초 지수나 자산의 수익률을 복제하는데, 자산운용사의 펀드 매니저는 해당 지수의 구성 종목을 직접 매수하거나 파생상품을 이용해 동일한 수익률을 목표로 하는 방식으로 운용한다.

ETF의 역사

전세계 최초의 ETF는 1990년 캐나다 토론토에서 탄생했다. 캐나다 토론토증권거래소(TSX)에서 주식처럼 실시간 거래할 수 있는 'Toronto 35 Index Participation Units'(TIPs) 상품이 그 주인공으로, S&P/TSX 35 지수를 추종한다.

3년 뒤인 1993년에는 미국 최초의 ETF가 만들어졌다. 'SPDR S&P500 ETF'(SPY)가 그 주인공으로 S&P500 지수를 추종하며 현재 세계에서 가장 규모가 크고 거래량이 많은 ETF로 꼽힌다.

ETF는 다양한 지수와 섹터를 추종하는 상품들이 출시되면서 2000년대 들어 급성장하기 시작한다.

특히 'Nasdaq 100 ETF'인 QQQ가 1999년 등장하면서 애플·마이크로소프트·엔비디아 등 기술주 중심의 ETF 인기몰이에 나섰고, 2006년에는 최초의 금 ETF인 'SPDR Gold Trust ETF'(GLD)가 출시되며 원자재 ETF의 시작을 알렸다.

현재 많은 관심을 받는 액티브 ETF, 레버리지·인버스 ETF, ESG·테마형 ETF 등 다양한 형태의 ETF는 2010년대 이후 나타났다. 전통적인 인덱스 ETF에 이어 ETF의 구조가 다양해졌다.

2020년대 이후에는 비트코인 관련 ETF로 출시되면서 ETF 시장의 저변을 넓히고 있다.

ETF의 인기비결

ETF의 장점은 주식처럼 실시간으로 일반 투자자들이 거래소에서 사고 팔 수 있다는 점이다. 매매가 쉬우므로 유동성도 높은 편이다.

ETF의 또 다른 장점은 분산투자이다. 하나의 ETF로 여러 자산에 분산투자할 수 있어 리스크 관리에 유리하다.

운용 보수(수수료)도 펀드보다 저렴한 편이다. 최근 국내 운용사들은 ETF 저가 수수료 전략으로 인기몰이에 나서고 있다.

ETF에 대한 세금은 일단 배당 수익은 투자자가 직접 받은 것으로 간주돼 배당소득세가 간주되며, 국내주식형 ETF의 매매차익은 비과세, 해외주식형 ETF의 매매차익은 과세된다.

다만 국내 상장 해외 ETF는 매도 시 증권거래세가 부과되므로 매도 횟수를 줄일 필요가 있다.

포트폴리오가 투명하게 공개되는 점도 ETF의 투자 유인이다. 기존 액티브 펀드는 분기 단위로 보유 종목을 공개하는 데 반해, ETF는 일일 단위로 보유 종목을 공개하므로 투자자는 ETF의 기초자산을 항상 확인할 수 있다.

펀드보다 다양한 형태의 상품이 가능한 것도 ETF에 투자 수요가 몰리는 배경이 된다. ETF는 주식형 ETF, 채권형 ETF, 원자재 ETF, 테마형 ETF, 레버리지·인버스 ETF 등 다양한 투자 전략의 상품들을 선보이고 있다.

ETF는 시장 지수를 추종해 안정적으로 운용되는 점도 인간인 펀드매니저가 판단 실수를 저질러 손실을 볼 수 있는 펀드에 비해 투자 매력을 높였다.

ETF와 유사한 다른 상품들

이름과 구조가 비슷한 투자상품들이 많아 ETF와 헷갈릴 수 있다. 여러 다양한 상품들은 ETF와 어떻게 같고 다를까? 먼저 상장지수증권(ETN)은 ETF와 가장 비슷한 상품으로 꼽힌다. 주식처럼 거래소에서 매매할 수 있지만 구조를 뜯어보면 ETF와 다르다.

ETN은 ETF처럼 특정 지수를 추종하지만, 운용사가 지급을 보장하는 채권형 상품이라는 점에서 ETF와 다르다. 즉 ETN을 발행한 금융회사가 파산하면 원금 손실이 발생할 수 있다. 이는 주식·채권 등 실제 자산을 보유하는 ETF와 차이를 보이는 부분이다.

ETF와 구조는 비슷하지만 거래 형태나 비용이 다른 상품으로는 인덱스펀드가 있다. 인덱스펀드는 특정 지수를 추종하고 다양한 주식·채권에 분산투자할 수 있는 점은 ETF와 유사하지만, 거래소에서 실시간 매매되는 ETF와 달리 인덱스펀드는 하루 1번 가격이 정해지는 공모펀드 구조를 띤다. 또한 수수료도 인덱스펀드가 ETF보다 조금 비싸다.

ETF는 '실시간 거래가능한' 인덱스펀드라고 간주하면 된다.

뮤추얼펀드(공모형펀드)는 ETF나 인덱스펀드보다 구조가 좀더 불편하다.

펀드 내 다양한 종목을 편입해 분산투자할 수 있는 점은 비슷하지만, 뮤추얼펀드는 매일 1회 기준가로만 거래가능하고 수수료가 높으며 환매할 때 일정 기간(1~3일)이 소요된다. 포트폴리오 공개도 제한적이라서 ETF보다 운용이 덜 투명하다. 따라서 ETF는 '더 저렴하고 유동성 높은 뮤추얼펀드'라고 보면 된다.

다음으로 차액결제거래(CFD)가 있다. CFD는 ETF처럼 다양한 기초 자산에 투자하고 레버리지 투자가 가능하지만, 자산을 직접 소유하지 않고 단순히 가격 변동에만 베팅하는 파생상품이라는 점에서 ETF와 다르다.

CFD는 배당을 직접 받지 못하며 이자 비용이 발생할 수 있다. 국내에서는 전문투자자만 CFD 거래를 할 수 있다.

마지막으로 리츠(부동산투자신탁)가 있다. 리츠는 ETF처럼 상장돼 주식처럼 거래되는 투자상품이지만, 기초자산이 부동산이라는 점에서 다르다.

리츠는 오피스빌딩·쇼핑몰 등 다양한 부동산 자산에 분산투자할 수 있으며, 이를 기반으로 배당을 지급한다.

배당수익률이 높아 배당을 노리고 리츠에 투자하는 수요가 많다. 리츠의 평균 배당수익률은 4~8% 수준으로 일반 주식 1.5~2%보다 높아서 안정적인 현금흐름을 원하는 연금수령자·은퇴자 등에게 인기가 많다.

[ROE]
밸류업 목표 달성의 기준…
워런 버핏도 중시하는 수치

14

"국내 기업들이 중장기 밸류업(기업가치 제고 계획)의 일환으로 일제히 2030년까지 자기자본이익률(ROE) 10% 안팎 달성이라는 목표를 천명하고 나섰다."

_2025. 2. 16

  기업들이 밸류업 목표 달성의 기준으로 내세우는 ROE란 무엇이고 왜 중요할까?

ROE란

  ROE(Return on Equity)는 기업이 자기자본을 활용해 얼마나 효율적으로 이익을 창출하는지 나타내는 지표다. 순이익을 자기자본으로 나눈 값에 100을 곱하면 ROE 값이 산출된다. 이는 주주가 투자한 자본 대비 기업이 벌어들이는 순이익의 비율을 뜻한다.

만약에 ROE가 10%라면, 주주가 자기자본 100억원을 투자했을 때 기업이 10억원만큼의 이익을 창출했다는 의미가 된다.

ROE가 중요한 이유

ROE가 중요한 이유는 먼저 기업의 수익성을 측정하는 지표가 되기 때문이다. 기업이 주주의 돈을 활용해 얼마나 효과적으로 수익을 내고 있는지 평가할 수 있다.

ROE가 높다면, 그만큼 기업이 상대적으로 적은 자본으로 많은 이익을 창출하고 있다는 뜻이 된다. 기업 경영진이 효율적으로 경영을 하고 있다는 방증이다.

투자자들은 투자 판단을 할 때 기업의 ROE를 지표로 살펴볼 수 있다. ROE가 높은 기업은 주주가치를 잘 창출하고 있는 곳이므로 매력적인 투자처가 된다.

다만 ROE가 지나치게 높다면 기업이 부채를 과도하게 사용해 ROE를 인위적으로 높이고 있는지 점검해야 한다. 따라서 ROE와 함께 부채비율(D/E Ratio) 지표도 함께 살펴봐야 한다.

ROE가 지속적으로 높게 유지된다면, 그 기업은 장기적인 성장 가능성이 크다고 볼 수 있다.

반면 ROE가 지속적으로 낮다면 그 기업은 경쟁력이 약화되고 있을 가능성이 크다. 이렇듯 ROE는 단기간이 아니라 과거 몇 년간의 장기적인 추세를 통해 투자 판단의 근거로 삼아야 한다.

또한 산업별 특성도 고려해야 한다. 금융업과 IT업종은 ROE가 높은 편이지만, 제조업과 유틸리티 업종은 ROE가 상대적으로 낮은 특성을 보인다.

밸류업의 기준이 되는 이유

ROE가 기업들의 밸류업 프로그램에서 목표 기준이 되는 이유는, ROE 지표가 주주가치와 직결되기 때문이다.

ROE가 높아지면 기업이 주주 돈을 효과적으로 운용하고 있다는 의미이므로, 주가 상승으로 이어질 공산이 크다. ROE를 통해 기업의 장기적인 지속 성장 가능성을 가늠해볼 수도 있다.

ROE가 높은 기업은 같은 자본으로도 더 많은 이익을 창출하므로, 자체 이익으로 신규 사업에 투자할 여력도 크고 주주배당도 늘릴 수 있다. 그러나 ROE가 낮은 기업은 신사업을 추진하거나 기존 사업을 확장하기 버거울 수 있다.

'투자의 귀재' 워런 버핏도 ROE를 지속적으로 높게 유지하는 기업을 좋은 투자 대상으로 본다고 말한 바 있다. 코카콜라, 애플, 아메리칸익스프레스 등 버핏이 주식을 장기간 보유하고 있는 기업들은 모두 ROE를 15~30% 이상으로 꾸준히 유지한 곳들이다.

구체적으로 코카콜라는 1970년대 이후 줄곧 ROE 20~30%

대를 유지하고 있으며, 브랜드 파워와 강력한 유통망 기반 위에 적은 자본으로도 높은 수익을 창출하고 있다.

애플은 막대한 현금 창출 능력과 브랜드 가치로 자본 대비 높은 수익률을 유지하며 2023년 ROE 약 50%를 달성했다.

아메리칸익스프레스도 강력한 네트워크 효과와 프리미엄 브랜드 전략으로 고수익을 유지하며 ROE 25~30%를 유지 중이다.

버핏은 기업이 벌어들인 이익을 주주에게 배당하거나 재투자해 추가 이익을 창출해내는 방식을 중요하게 여긴다.

그는 "The best business to own is one that over an extended period can employ large amounts of incremental capital at very high rates of return"이라는 명언을 남기기도 했다.

이 말은 "오랜 기간 동안 추가 자본을 투입할 때도 높은 수익률을 유지할 수 있는 기업이 최고의 기업"이라는 뜻이다. ROE가 지속적으로 높아야 한다는 그의 투자 철학과 일맥상통한다.

[토큰증권]

제도화는 언제쯤…
번번이 국회 문턱에서 좌절

15

"최근 토큰증권발행(STO) 법안이 국회에서 처리되지 않으면서 토큰증권 관련주들이 급락했다.

지난 21일 국내 증시에서 갤럭시아에스엠(-8.11%), 갤럭시아머니트리(-9.89%), 위메이드(-8.24%), 위메이드맥스(-5.87%) 등이 일제히 약세를 보였다. 전날 국회 정무위원회 법안심사 제1소위원회가 STO 관련 법안을 상정하지 않아 이번 회기 내 처리가 어려워졌다는 소식에 투자심리가 위축됐다."

_2025. 2. 23

2025년 2월 18일 정무위가 전체회의에서 토큰증권을 제도화하는 내용을 담은 관련 법안을 안건으로 상정하고 법안소위에서 논의키로 하면서 토큰증권 제도화가 빠르게 추진될 것이란 기대감이 커졌다. 그러나 안건에 오르지 못하면서 시장은 실망감을 감추지 못했다. 그럼 STO는 무엇이고 왜 제도화 법안이 대두될 정도로 중요할까?

토큰증권이란

토큰증권(Security Token, ST)은 블록체인 기술을 활용해 발행·

유통되는 디지털 증권이다. 전통적인 주식·채권 등 증권이나 부동산·미술품 등 실물자산을 디지털 토큰으로 만들어 투자자들이 보다 쉽게 거래할 수 있도록 설계한 금융상품이다.

따라서 법적으로 기존 금융상품과 동일한 '증권'의 성격을 지니면서도 블록체인 기반 분산원장에서 거래가 이뤄지는 디지털 상품이라고 정리할 수 있다.

가상자산과는 어떻게 다른가

토큰증권은 증권법의 적용을 받는다는 점에서 비트코인·이더리움 같은 가상자산과 다르다. 가상자산은 자본시장법이 아닌, 가상자산법·특정금융정보법 등의 규제를 받는다. 반면에 토큰증권은 금융상품으로 인정되는 만큼, 증권법과 금융감독원의 감독을 받는다.

한편 가상자산 제도화도 토큰증권과 마찬가지로 지지부진한 상태다. 앞서 2023년 3월 말 국회 정무위에 상정됐지만 계류 중이다. 21대 국회는 임기 말까지 2024년 7월 19일부터 시행하는 1단계 가상자산 이용자 보호법(가상자산법)만 처리했다.

22대 국회는 가상자산 발행·상장·공시 관련 2단계 입법을 추진하고 있지만 상당한 시일이 소요될 전망이다.

국회는 2025년 2월 18일 공직자윤리법 일부개정법률안을 의결해 국회의원을 포함한 고위공직자의 재산 신고·공개 대상에 가상자산을 포함시켰다. 토큰증권도 금융당국이 마련한 가이드라인을 토대로 국회에서 실제 입법이 진행되면 본격적인 시장이 형성될 것으로 예상된다.

금융위원회가 앞서 2023년 2월 '토큰증권 가이드라인'을 발표해, 토큰증권의 법적 지위와 발행·유통 방식에 대한 규정을 정리했다.

지분형 vs 채권형

토큰증권은 크게 두 가지 유형으로 나뉜다. 먼저 지분형 토큰은 주식처럼 기업의 소유권을 나타내는 토큰으로, 기업의 주식 또는 부동산 수익증권 등이 해당된다.

채권형 토큰은 채권처럼 일정기간 후 원금과 이자를 지급받는 형태로, 회사채나 국채, 자산유동화증권(ABS) 등이 있다.

특히 ABS 토큰은 최근 부동산·미술품·지적재산권 등 실물자산을 토큰화해 소액으로 투자할 수 있어 투자자들에게 각광받고 있다.

토큰증권의 장점

먼저 토큰증권은 소액으로 투자할 수 있다는 장점이 있다. 기존에 고액 자산이었던 부동산·미술품 등도 블록체인을 활용해 자산을 세분화해 발행하는 토큰 방식을 거치면 소액 투자가 가능해진다.

아울러 부동산·미술품 등 기존에 비유동 자산이던 것을 디지털화해 유동화하므로 더 쉽게 거래할 수 있게 한다.

또 다른 장점은 거래 투명성이다. 블록체인 기반으로 모든 거래가 기록·추적가능하므로 위변조 위험이 낮고 투명성이 보장된다. 기존 증권 발행·유통 절차를 중개하는 증권사·은행 등의 기관 개입을 줄여 거래 비용도 절감된다.

해외 사례

유럽 기업들은 자산을 디지털 토큰으로 변환해 투자자들에게 제공하는 플랫폼을 지원한다. 또한 미국 상장 증권을 토큰화해 스테이블코인(USDC)으로 거래할 수 있는 서비스도 있다. 이를 통해 투자자들은 전통적인 주식시장을 디지털 자산의 형태로 접근할 수 있다.

ABS 토큰의 경우, 미국에서는 여러 부동산 토큰화 플랫폼을 통해 투자자들이 디트로이트·시카고 등 다양한 지역 부동산 자산들에 투자해 부동산 일부를 소유하고 임대 수익을 분배받을 수 있게 한다. 또는 분산형 미술 플랫폼을 통해 블록체인 기술 기반으로 디지털 자산으로 인증된 미술품이나 수집품을 토큰화해, 소액으로 투자할 수 있도록 한다.

일본의 경우, 이례적으로 대형 금융사들이 토큰증권 발행시장에 적극 진출하고 있다. SBI홀딩스는 자회사 자금 조달시 STO 방식을 채택해 프로세스를 효율화하고 있다.

미즈호 은행은 STO 방식을 통해 디지털 회사채를 발행해 자금을 조달하고, 다이와 증권은 2023년 4월 온천시설인 '유엔 삿포로'를 대상으로 69억엔 규모의 부동산 토큰증권을 발행했다.

노무라증권은 앞서 2022년 6월 일본거래소의 5억엔 규모의 디지털 환경채권 발행을 주관했다.

일본의 토큰증권은 급성장 중이다. 일본의 2023년 토큰증권 총 발행액은 토큰증권 발행이 본격 시작된 2021년 대비 10배 이상 빠르게 성장한 것으로 나타났다.

토큰증권 제도화 왜 필요한가

토큰증권의 제도화는 투자자 보호, 시장의 투명성 강화, 기술적 혁신의 적용 등을 통해 금융 시장의 발전을 이끌어내기 위해 필요하다.

먼저 제도화를 통해 시장 신뢰성을 확보할 수 있다. 토큰증권은 블록체인 기술을 활용해 발행되고 거래되므로, 이를 법적으로 제도화하면 투자자들에게 신뢰를 줄 수 있다. 명확한 규제 체계를 통해 불법적인 활동이나 사기 위험을 줄이고, 투자자 보호를 강화할 수 있다.

또한 토큰증권은 기존의 증권과 달리, 소액 투자자도 참여할 수 있으므로 투자기회를 확대할 수 있다. 제도화가 이뤄지면, 다양한 금융 자산에 대한 투자 기회를 넓힐 수 있다.

다음으로 국제 경쟁력을 강화할 수 있다. 글로벌 금융 시장에서 블록체인 기반 증권의 발행과 거래가 증가하고 있기 때문에, 한국이 이러한 제도적 기반을 마련한다면 국제적 경쟁력을 유지하고, 글로벌 투자자들의 참여를 유도할 수 있다.

또한 기술 발전의 수용 측면이 있다. 블록체인과 같은 혁신 기술이 금융 시장에 안착하려면 법적, 규제적 기반이 필요하다.

이를 통해 궁극적으로 자본시장 발전을 꾀할 수 있다. 토큰증권의 제도화는 자본시장의 디지털화와 발전을 촉진시킬 수 있으며, 새로운 형태의 자본 시장 활성화를 가능케 한다. 또한 기존 자산 거래 방식에 비해 거래 비용을 절감하고, 효율성도 높일 수 있다.

[커버드콜 ETF]

고배당 추가 수익 추구…
MZ세대도 관심

16

"매달 고배당과 추가 수익을 추구하는 커버드콜 ETF(상장지수펀드)가 나날이 인기를 더해가고 있다. 2일 한국거래소에 따르면, 올해 1월 17일 기준 국내 증시에 상장된 커버드콜 ETF는 총 35개로 순자산 총액은 약 7조1339억원에 달한다. 이는 1년 전보다 19배 증가한 규모다. 특히 미래에셋자산운용의 'TIGER 미국30년국채커버드콜액티브(H)' ETF의 순자산은 지난해 10월 31일에 국내 최초로 1조원을 돌파하고, 'TIGER 미국 대표지수 커버드콜' ETF 3종의 총 순자산 총합은 올해 2월 27일 1조원을 넘어서는 기록을 세웠다."

_2025. 3. 2

커버드콜 ETF는 월배당과 프리미엄 수익 추구 전략으로 정기적인 현금 유입을 원하는 시니어 은퇴자들에게 호응을 얻고 있지만, 최근에는 MZ세대들의 수요도 늘고 있다.

일각에서는 커버드콜 ETF의 특성상 장기투자에 적합한 상품이 아니라며, 젊은 MZ세대들은 성장주 투자가 더 적합할 수 있다고도 지적한다.

그럼 커버드콜 ETF의 구조는 어떠하며 어떤 투자전략을 가진 투자자들이 투자하는 것이 좋을까?

커버드콜 ETF란

커버드콜 ETF란 기본 자산인 주식을 보유하는 동시에 콜옵션을 매도해 추가 수익을 창출하는 구조의 상품이다. 이때 기본 자산이 되는 주식은 미국 대표 지수인 S&P500, 나스닥100 등이다.

여기에 콜옵션을 매도한 수익으로 프리미엄을 추구하고, 이러한 추가 수익을 활용해 6~12%의 높은 배당률을 기대할 수 있어 투자자에게 안정적인 현금 흐름을 제공한다.

다만 유념할 점이 있다. 커버드콜 ETF는 횡보장이나 약간의 상승장에서는 꾸준한 현금 흐름을 얻을 수 있고 하락장에서는 옵션 프리미엄 덕분에 일정 부분 손실을 방어할 수 있지만, 주가가 급등하는 호황장에서는 상승폭이 제한돼 상대적인 기회비용이 발생할 수 있다.

기본적으로 주식을 보유하고 있기 때문에 급락장에서 손실이 발생할 수 있다는 점을 전문가들은 중요한 투자 포인트로 지적한다.

누가 투자하면 좋을까?

커버드콜 ETF는 변동장 속에서도 지속적인 현금 흐름을 기대할 수 있으므로 은퇴 준비나 소득 보완이 필요한 투자자에게 유리하다. 반면에 장기적인 투자 수익률을 극대화하고자 하는 투자자라면 부적합하다.

일반적으로 S&P500이나 나스닥100 등 성장형 지수에 투자하는 ETF와 비교하면, 커버드콜 ETF는 고배당이라는 장점 외에는 호황장의 자본 성장세를 따라가지 못하는 한계가 있을 수 있다.

MZ세대는 복리 효과를 극대화하는 성장주 중심의 투자가 유리할 수 있다. 이에 20~30대에는 성장주 중심의 투자 전략을, 40대 이후에 배당 중심의 커버드콜 투자를 권하기도 한다.

또한 장기적인 시장 전망을 고려해 강세장이 예상되면 커버드콜 비중을 줄이면서 성장형 ETF 비중을 늘리고, 횡보장 등이 예상되면 커버드콜 비중을 늘리는 전략도 구사해볼 만하다.

대표적인 커버드콜 ETF들

대표적인 커버드콜 ETF들로는 나스닥100 지수를 추종하는 'Global X NASDAQ 100 Covered Call ETF'(QYLD), S&P500 지수를 추종하는 'Global X S&P 500 Covered Call ETF'(XYLD), 'JPMorgan Equity Premium Income ETF'(JEPI) 등이 있다. QYLD의 배당률은 약 12%이고 XYLD는 9~10%, JEPI는 8~10% 수준이다.

국내 상품으로는 나스닥100을 추종하는 'TIGER 미국나스닥100커버드콜(합성) ETF'의 최근 배당률이 약 12% 수준이다.

급락장에서의 손실 우려

전문가들이 우려하는 부분은 커버드콜 ETF가 주가가 큰 폭으로 하락하는 급락장에서 구조적으로 손실을 방어할 수 없도록 설계됐다는 점이다.

S&P500, 나스닥100 등의 기초자산을 직접 보유하고 있으므로 급락장에서 주가도 크게 하락해 ETF 전체 자산가치 감소를 초래할 수 있다. 콜옵션 매도 수익이 일부 손실을 방어해줄 수도 있지만 주가 급락 속도를 따라잡지 못할 가능성이 크다. 즉 옵션 매도 수익보다 주가 하락폭이 클 때 손실이 발생할 수밖에 없는 구조다. 또한 급락장에서는 옵션 프리미엄이 낮아지거나 아예 사라질 수도 있다.

시장이 하락기에 접어들면 콜옵션 매수자도 줄어들기 때문에 커버드콜 ETF의 주된 수익원인 옵션 프리미엄 수익도 감소하게 된다. 이는 커버드콜 ETF의 손실 방어 능력을 더 떨어뜨리는 악순환을 초래한다. 추후 반등장이 오더라도 커버드콜 ETF의 회복 속도는 느릴 우려가 있다.

일반 성장형 ETF는 반등장에서 빠르게 주가가 회복될 수 있지만, 커버드콜 ETF는 콜옵션 매도 전략으로 상승이 제한되면서 손실 복구에 오랜 시간이 걸릴 수 있다.

즉 급락장에서는 손실을 방어하기 어렵고 반등장에서는 회복 속도가 느려지는 이중 문제가 발생하는 것이다.

또한 급락장에서 콜옵션 매도 수익인 옵션 프리미엄이 줄어들면서 배당 지급 여력이 감소해 ETF 운용사에서 배당 정책을 조정할 가능성도 있다. 그럼 애초에 기대했던 배당 수익이 줄어들면서 투자 매력이 떨어질 수 있다.

배당 출혈경쟁 일본 사례 참고해야

 국내 운용사들은 일본의 커버드콜 시장의 출혈경쟁을 반면교사로 삼아야 한다고 주장한다. 과거 일본에서는 커버드콜 시장이 성장하면서 운용사 간 경쟁 격화로 이른바 '모럴해저드'가 일어났고, 급기야 투자 원금을 깎아 배당금을 지급하는 양상까지 나타났다.

 일본의 배당 ETF 시장은 2001년부터 2004년까지 5%대 머물러 있다가 2010년 10.9%, 2011년 13.6%로 급상승했고 투자자 자금이 대거 유입됐다.

 문제는 일부 운용사가 분배율만을 인위적으로 높인 상품을 출시해, 높은 분배금 지급을 위해 점차 원금을 반환하는 사례가 늘었다는 점이다. 그 결과 2022년 말 전체 월지급식 펀드 총 1100개 중 20%의 펀드가 배당금 전액을 투자 원금에서 차감해 분배하는 지경에 놓였다.

 일본 금융당국은 이같은 도덕적 해이가 만연해지자 '반드시 수익에서만 분배금을 지급해야 한다'는 규정을 만들어 시장을 압박하기 시작했고, 일본 배당 ETF 시장의 규모는 2015년 최대 42조엔(약 390조원)에서 지난해 22조엔(약 204조원)까지 축소됐다.

[공매도]
빌려 매도한 주식…
주가 하락시 차익 기대

"국내 증시에서 공매도가 오는 31일부터 전면 재개될 예정이다. 2023년 11월 전면 금지된 이후 1년 5개월여 만이다. 공매도 재개로 우리 증시에 외국인투자자들이 돌아올지가 초미의 관심사다."

_2025. 3. 9

  외국인들은 헤지(Hedge)용으로 공매도 포지션을 사용하기 때문에 이를 할 수 없다면 굳이 한국 주식을 사들일 유인이 없다. 그러나 국내 증시의 고질적인 불법 공매도 의혹은 상장사와 개인투자자들의 오랜 골칫거리다. 금융당국이 절치부심하며 공매도 제도 개선안을 마련한 만큼, 국내 증시의 불공정 관행이 투명해질지 관심이 쏠린다. 공매도란 무엇이고 왜 논란의 대상이 되고 있을까?

공매도란

공매도(Short Selling)란 투자자가 주식을 직접 보유하지 않은 상태에서 해당 주식을 빌려 매도한 뒤, 나중에 주가가 하락하면 싼 가격에 다시 매입해 차익을 얻는 투자 기법이다.

무차입 공매도(Naked Short Selling)와 차입 공매도(Covered Short Selling) 두 종류가 있다.

무차입 공매도는 주식을 빌리지도 않고 먼저 매도 주문을 내는 방식으로, 실제 보유하지 않은 주식을 팔기 때문에 시장 교란 우려가 있어 한국에서는 법적으로 금지하고 있다. 차입 공매도는 증권사나 기관 등에서 주식을 먼저 빌린 후 매도하는 방식이다.

공매도는 주가 하락 국면에서도 수익을 창출할 수 있고, 시장에 유동성을 공급하며, 가격 발견 기능을 수행한다는 장점이 있다.

그러나 주가 급락을 유발할 가능성이 있어 개인투자자에게 불리하게 작용하는 구조다. 불법 무차입 공매도 문제도 불거진다.

무차입 공매도 규제

앞서 설명했듯이 우리나라에서는 무차입 공매도를 법적으로 완전히 금지하고 있다. 미국은 2008년 금융위기 이후 증권거래위원회(SEC)가 원칙적으로 금지하고 있고, 유럽연합(EU)은 2012년부터 이를 금지하는 공매도 규제법을 시행 중이다.

특히 국내에서는 금융당국이 무차입 공매도 감시 시스템을 강화해, 불법 무차입 공매도 적발 시 강력하게 처벌한다.

글로벌 투자은행들이 국내에서 불법 무차입 공매도를 시도하다가 적발된 바 있다. BNP파리바 홍콩법인은 2021년 9월부터 2022년 5월까지 카카오 등 101개 종목에 대해 약 400억원 규모의 무차입 공매도를 실행한 혐의로 적발됐다. 이들은 내부부서간 주식대차 시 주식수량을 중복 계산하는 방식으로 공매도 주문을 제출했고, 이러한 방식으로 주식보유 잔량을 실제보다 부풀려 공매도를 진행했다.

홍콩 소재 HSBC는 2021년 8월부터 같은해 12월까지 호텔신라 등 9개 종목에 대해 약 160억원 규모의 무차입 공매도를 실행한 것으로 드러났다. 이들은 향후 차입이 가능한 주식 수량 기준으로 공매도 주문을 넣는 행위를 상습 반복하다가 적발됐다.

왜 불법 공매도를 할까?

회사들이 불법 무차입 공매도를 하는 이유는 주로 수수료 수익을 확대하기 위해서다. 공매도 가능 물량을 부풀리면 기관투자자와 스와프 계약을 더 많이 체결할 수 있어 수수료를 늘릴 수 있다. 주식을 미리 확보하지 않은 채 최종 주문 체결량에 따라서만 사후 차입하면 차입 비용도 줄어든다. 이에 회사들이 불법 공매도를 인지하고도 방치하는 관행이 생겼다.

BNP파리바와 HSBC는 당시 위법행위를 인정했다. HSBC는 조사 이후 차입이 확정된 수량을 기준으로 매도 스와프 계약을 체결하고, 이 수량만큼만 공매도 주문을 할 수 있게 시스템을 개선한 것으로 알려졌다.

금융당국은 2023년 당시 국내 증권사 일부가 장 개시 전 차입 주식 수보다 많은 수량을 매도하는 등 장기간 자본시장법을 위반한 정황도 발견하고 관련 조사를 실시하기도 했다.

불법 공매도 왜 문제인가?

한국 주식시장은 불법 공매도의 오랜 트라우마를 겪어왔다. 셀트리온과 HLB 등은 무차입 공매도로 지속적으로 주가가 억눌리고 있다며 '불법 공매도와의 전쟁'을 선포하기도 했다.

주주 모임은 불법 공매도 조사를 촉구하는 의견 광고를 신문에 내기도 하고, HLB 주주연대는 각종 불법 공매도 의혹을 제기하면서 내부고발 포상금 1억원을 내걸기도 했다. 그러나 불법 공매도의 실체는 잡히지 않고, 공매도 위반 사례는 대부분 직원 실수나 시스템 오류로 인한 것이었다.

2023년 금융당국이 앞서 글로벌 투자은행의 관행적 불법 공매도를 적발함으로써, 수면 아래 끓고 있던 의혹 일부를 밝혀냈다.

금융당국의 대처

금융당국은 2023년 11월 관행화된 불법 무차입 공매도로 인한 공정한 가격형성 저해 우려에 공매도를 금지한 이후 체계적인 시스템 개선 노력을 기울였다.

2024년 9월 27일 근본적인 공매도 제도 개선을 위한 법률 개정안이 국회 본회의를 통과하면서, 기관투자자의 공매도 전산시스템 구축(NSDS)과 기관·법인투자자의 내부통제기준 마련이 법적 의무가 됐다.

아울러 공매도를 위한 대차거래의 상환기간도 제한되며 불공정거래와 불법 공매도에 대한 벌금형이 강화돼 부당이득의 3~5배 벌금 부과에서 4~6배로 높아졌다. 부당이득 규모에 따라 최대 무기징역도 가능해졌다. 국내 불법 공매도 처벌 수위가 미국 등 선진국에 비해 상대적으로 낮다는 비판을 반영했다.

상장사 임원의 선임·재임 제한 등 새로운 제재수단도 도입해 처벌·제재의 실효성을 높였다. 특히 한국거래소가 구축한 공매도 중앙점검 시스템(NSDS: naked short selling detecting system)은 기관투자자의 매도 주문을 사후에 전수 점검해 무차입 공매도를 적출한다. 이를 통해 외국인·기관투자자의 잔고변동, 매매 거래를 집계해 무차입 공매도를 상시 탐지한다는 방침이다.

한편, 공매도 제도 개선안도 나왔다. 그간 '기울어진 운동장'이라고 지적받던 외국인·기관과 개인투자자의 대차 또는 대주 상환기간, (현금)담보비율이 각각 90일, 105%로 통일됐다. 코스피200 주식의 경우, 120%를 유지함으로써 개인투자자의 거래 조건이 보다 유리해졌다.

공매도는 외국인·기관의 전유물인가?

국내 증시에서 개인투자자의 공매도 참여율은 약 2% 수준으로 외국인투자자(68%), 기관투자자(30%)에 비해 턱 없이 낮다. 금융당국의 노력에도, 국내 공매도 시장의 개인 참여가 저조한 것은 구조적 문제 때문이다.

먼저 국내 증시는 상하한가 제도(전일 종가대비 최대 ±30%)가 존재하기 때문에 공매도 투기 세력을 개인투자자가 견제하기 어렵다. 무자본으로 대규모 수익을 추구하는 외국인·기관에 견주어, 개인이 이들과 함께 공매도 시장에서 수익률 경쟁을 펼치기 어려운 구조다.

2021년 미국의 '게임스톱' 공매도 사건에서 보듯이, 상하한가 제도가 없는 미국은 개인투자자들이 해당 주식을 집중매수해 주가 하락에 베팅한 공매도 투기 세력을 좌절시키는 것이 가능하다. 개인투자자의 주식 집중매수로 공매도의 무한손실 가능성이 높아지기 때문이다.

그러나 국내 증시처럼 상한가가 존재한다면 공매도 손실을 제한하므로, 미국과 같은 투기 세력 견제가 어렵다.

업틱룰 예외 제도도 국내 개인투자자에게 절대적으로 불리하다. 업틱룰은 전 종목에 대해 직전 체결가격 이하로 공매도 호가 제출을 금지하는 제도다. 업틱룰은 주가하락 시점에 공매도를 통한 주가 하락을 심화시키는 문제점을 예방하기 위한 제도다.

업틱룰은 1987년 10월 '블랙먼데이' 이후 도입됐다. 당시 미국 뉴욕증시에서 다우지수가 하루 동안 22.6% 떨어지는 등 사상 최악의 주가 대폭락이 발생하자, 그 원인으로 다량의 공매도가 지목받았다. 이에 공매도 제도 문제점 개선 차원에서 업틱룰이 도입됐다.

국내에서는 1996년 12월 동 제도가 도입되면서 주가 하락장에서 공매도 남용을 억제하고 있다. 그러나 위험헤지 및 차익거래 시행 시에는 업틱룰 예외 사항이 적용되므로 문제 소지가 있다.

외국인투자자는 주식투자위험 헤지를 위해 파생상품을 다수 보유하는데, 이때 업틱룰 예외조항을 적용받아 주가하락 시점에 외국인투자자의 직전 체결가 이하 호가 제출이 가능하다. 대규모 공매도 거래로 인한 주가 하락을 가져올 수 있는 것이다.

국내 공매도 시장에서 나쁜 정보에 기반한 전략거래가 만연한 점도 문제다. 상장사가 부진한 실적발표를 늦추고 리서치 정보입수가 빠른 외국인·기관투자자가 공매도 거래량을 늘리면, 정보 비효율성이 발생해 개인투자자에게 불리한 구조가 된다. 그럼으로써 공매도 시장은 정보력이 취약한 개인투자자가 참여하기 어려운 시장이 된다.

오히려 개인투자자들은 단기간 주가 급락에 당황해 투매하다가, 되레 공매도 거래의 수익률 상승에 기여하기도 한다.

[상법 개정안]
주주에 대한 '이사의 충실 의무'가 핵심

18

"재계의 우려를 한 몸에 받고 있는 상법 개정안이 지난 13일 더불어민주당 등 야당 주도로 국회 본회의를 통과했다. 상법 개정안은 주주에 대한 이사의 충실 의무를 도입하는 내용을 골자로 한다. 구체적으로 민주당이 당론 발의한 상법 개정안은 이사가 충실해야 하는 대상을 기존의 '회사'에서 '회사 및 주주'로 넓히고, 상장 회사의 전자 주주총회 도입을 의무화하는 내용 등을 담고 있다. 개정안은 공포 후 1년이 지난 날부터 시행된다."

_2025. 3. 16

상법 개정에 반대해온 국민의힘 의원들은 이날 반대·기권 투표를 하면서 최상목 대통령 권한대행 부총리 겸 기획재정부 장관의 재의요구권(거부권) 행사를 건의할 방침이다. 재계는 최상목 대통령 권한대행에게 거부권 행사를 공식 요청했다.

재계는 잇따라 유감을 표하며 반발하고 있다. 한국경영자총협회는 "개정안이 지배구조 개선, 소수주주 권익 보호를 명분으로 하고 있으나, 이는 상법 개정이 아닌 자본시장법을 통해 보다 합리적이고 실효적인 대안을 마련해야 한다"며 "대기업뿐 아니라, 소송 대응능력이 취약한 중소기업의 경영활동 전반에

혼란을 야기할 가능성이 높다"고 우려했다.

한국경제인협회 역시 "주주들의 소송 남발로 인수합병, 대규모 투자 등이 차질을 빚어 장기적 발전이 저해될 수밖에 없다"고 지적했다.

그럼 논란의 핵심으로 떠오른 상법 개정안은 무엇이고 왜 중요할까?

상법 개정안이란

상법 개정안은 이사의 충실 의무 대상을 기존 '회사'에서 '회사 및 주주'로 확대하고, '이사는 그 직무를 수행함에 있어 총주주의 이익을 보호해야 하고, 전체 주주의 이익을 공평하게 대우해야 한다'는 조항을 신설하고 있다. 또한 전자 주주총회 도입을 의무화함으로써, 주주들의 참여를 확대하고 의사결정 과정을 투명하게 한다.

상법 개정안을 통한 기대 효과는 먼저 경영자의 경영판단에서 전체 주주들의 이익을 보다 고려하게 된다는 점이다.

회사기회유용이나 부당내부거래 등 이해상충 거래에 대해서도 '경영판단의 원칙'을 들어 면죄부를 주는 기존의 관례에서 벗어나, '공정성의 원칙'으로 감시가 강화될 전망이다.

합병, 분할, 포괄적 주식교환, 신주발행 등 회사의 소유구조를 근본적으로 변화시켜, 지배주주와 소수주주간 이해가 상충

되는 중대한 사안들에 대해서도 '공정성의 원칙'이 적용돼 절차와 가격, 조건 등이 정당하게 부여될 수 있다.

소수주주의 권익 향상과 반대주주의 주식매수청구권 실질화, 경영권 분쟁상황에서의 이사 중립의무 확대·강화 등도 예상된다.

재계, 상법 개정안 왜 반대하나

재계에서는 크게 반발하고 나섰다. 상법 개정안이 발효되면, 이사의 의무 확대에 대해 경영 판단에 대한 무분별한 소송으로 이어질 수 있고 이는 기업의 장기적 발전을 저해할 가능성이 있다는 주장이다. 또한 외국 투기자본 침입으로 한국 경제에 큰 타격이 예상된다고도 우려한다. 또한 한국의 법체계나 글로벌 스탠다드와 부조화를 이룬다는 비판도 한다.

실제로 최근 몇 년새 행동주의펀드가 국내 기업들의 지분을 보유하고서 경영권에 개입하는 사례가 늘고 있다.

코웨이 지분 2.84%를 보유한 행동주의펀드 얼라인은 2025년 1월 코웨이에 공개주주서한을 발송하고 주가 부양을 위해 순이익의 90%를 배당할 것 등을 요구했다. 코웨이는 과도한 주주환원으로 재무건전성이 크게 악화됐다며 맞섰고, 얼라인은 끝내 90% 상향안을 철회했지만 코웨이 경영진에게 주주환원의지를 강화할 것을 주문했다.

얼라인은 2024년 10월 두산밥캣 지분 1% 이상을 확보한 뒤, 두산밥캣에 1조5000억원의 현금을 특별배당에 사용할 것을 요구하기도 했다. 당시 두산밥캣은 얼라인의 제안을 거부하며 "합리적 경영판단이라고 보기 어려우며 배당가능이익을 일시에 소진하면 장기적이고 안정적인 주주환원이 불가능해질 수 있다"고 밝혔다.

2024년 10월에는 영국계 행동주의펀드 팰리서캐피털이 SK스퀘어 지분을 1% 이상 확보한 뒤, SK스퀘어에 자사주 매입과 이사회 변경 등을 요구한 것으로 알려졌다. 그러나 SK스퀘어 주가가 급등하자 차익을 낸 뒤 지분을 축소한 것으로 전해진다. 팰리서캐피털은 2015년 삼성물산 엘리엇 사태를 일으킨 미국 헤지펀드 엘리엇 출신이 2021년 출범시킨 펀드다.

싱가포르 행동주의펀드 플래시라이트캐피탈(FCP)은 2023년 10월 KT&G를 상대로 수익성 관련 정보공개를 요구했다. FCP는 글로벌 사모펀드(PEF) 칼라일의 이상현 전 한국대표가 이끄는 사모펀드로, KT&G의 지분을 1% 보유한 것으로 알려졌다. 최근 FCP는 KT&G 전직 이사회가 자사주를 무상 또는 저가 처분해 회사에 1조원대 손해를 입혔다며 주주대표소송도 제기했다.

더 나아가 앞서 해외 투기자본이 국내 대기업에 경영권 분쟁을 일으키며 대규모 시세차익까지 챙겨 빠져나간 선례가 있어 우려를 안긴다.

2019년 엘리엇 매니지먼트는 당시 현대차그룹이 순환출자 구조 해소를 위해 지배구조 개편안을 발표하자 이를 저지했다. 엘리엇은 현대차와 현대모비스의 합병에 반대하며 지분을 확보하고, 현대차와 현대모비스에 총 7조원 규모의 배당을 요구하며 해외경쟁사 출신 인사를 감사·이사직에 등재하려는 압박을 가하는 등 개입을 시작했다. 이에 현대차는 지배구조 개편을 무기한 보류하고, 엘리엇의 일부 요구를 수용했다.

더 이전으로 거슬러 올라가면, 지난 2003년 헤지펀드 소버린은 1768억원을 투입해 SK그룹의 지주사인 SK 주식 14%를 매입하며 최대주주로 올라섰고, 분식회계 문제를 이유로 최태원 회장의 교체를 요구했다.

SK는 소버린이 일으킨 경영권 분쟁을 방어하기 위해 1조원이 넘는 비용을 투입해야 했는데, 결국 소버린은 2년 만에 약 1조원의 차익을 남기고 철수했다.

미국계 사모펀드 론스타의 외환은행 헐값 매각 사건도 대표적 사례다. 론스타는 2003년 당시 외환은행을 2003년 1조3834억원에 사들인 뒤 구조조정을 거쳐 기업 가치를 높였다. 이후 2012년 하나금융지주에 3조9157억원을 받고 매각했다. 매각 차익과 배당금을 합쳐 4조원이 넘는 돈을 챙기고 한국에서 철수했다.

찬성 측 논리는?

상법 개정안이 기업 경영을 극도로 위축시킨다는 비판에 대해 찬성 측은 논박한다. 국내 기업들의 고도 성장세는 멈춘 상태이므로, 밸류업을 통해 새로운 성장의 물꼬를 터야 한다는 주장이다.

한국기업거버넌스포럼은 입장문을 통해 "국내 상장사들은 이미 성장을 멈췄으며 경제에 대한 기여도 예전만 못하다"며 "배당수익률 2%를 제외하면 연 2~3% 성장한 셈인데, 물가상승을 차감하면 실질성장률은 제로 수준으로, 이미 성장이 멈췄으므로 경영을 위축시킬 것이 없다"고 지적했다.

한국기업거버넌스포럼은 "이는 '1% 저성장이 현재 우리의 실력'이라는 한국은행 총재 발언과 일맥상통한다"며 "1998년 외환위기 때 뼈를 깎는 개혁과 구조조정을 통해 대한민국이 위기를 극복했는데 지금 대기업에게는 그에 버금가는 거버넌스 개혁과 차입금 축소, 사업포트폴리오의 선택과 집중이 요구된다"고 분석했다. 또한 재계가 우려하는 소송 남발 우려도 과도하다고 반박한다.

법무법인 한누리에 따르면, 소수주주가 경영진 책임을 묻는 주주대표소송은 도입 30년 만인 1997년에 최초로 2건 제기됐고 이후 2020년까지 139건만 제기됐다. 이중 비상장사 주주간 분쟁이 104건이고, 상장사 대상 주주대표소송은 35건에 불과했다.

김주영 법무법인 한누리 변호사는 "진정한 의미의 소수주주 주주대표소송은 한해 평균 1.4건에 불과하다"고 지적했다.

2020년 12월 도입된 다중대표소송은 아직 한 건도 제기되지 않은 것으로 알려졌다.

밸류업에 미치는 영향

이번 상법 개정안 통과가 국내 기업들의 '밸류업'에 긍정적인 영향을 주리라는 기대가 많다.

먼저 기업 경영진이 주주의 이익을 보다 적극적으로 고려하고, 이는 기업 지배구조 개선으로 이어져 '코리아 디스카운트' 해소에 기여할 수 있다.

또한 기존 주주총회가 오프라인으로 진행돼 소수 대주주 중심의 의사결정이 이뤄져왔으나, 전자 주주총회가 의무화되면 소액주주들의 의견 반영이 보다 활발해질 것으로 기대된다. 이는 기업 경영의 투명성을 높이고 투자자 신뢰도 제고할 수 있다. 자연스럽게 글로벌 투자자들의 한국 기업 평가가 개선되면서 외국인 투자 유입도 늘 수 있다.

다만 이사의 충실의무 확대로 경영진이 주주의 단기적 이익을 우선적으로 고려하면서, 장기적인 투자보다는 단기 실적 개선에 치중하는 경영 전략이 늘어날 우려가 있다.

가령 연구개발(R&D)이나 설비 투자보다 당장의 배당 확대나 자사주 매입에 집중하는 경영 방식이 증가할 수 있다.

투기 성향의 주주행동주의도 우려 요인이다. 일부 헤지펀드나 행동주의 투자자들이 법 개정을 이용해 기업의 경영권을 흔들거나 기업을 압박해 단기 이익을 챙기려는 시도를 할 수 있다.

투기 자본의 공격에 취약한 중소·중견기업은 기업 경영의 불확실성이 증대할 수 있다. 이사들이 주주 이익을 더 적극적으로 고려하면서 기업 경영진에 대한 소송이 늘어날 가능성이 있는 점도 앞서 설명과 마찬가지로 부담 요소다. 이에 따라 주주친화적 정책이 기업의 장기적 성장과 균형을 이룰 수 있도록 기업과 투자자 간 조율하는 것이 중요한 화두로 떠오를 전망이다.

PART 4

E

[유상증자]
'코리아 디스카운트'의 원인…
투자자들 반발 불러

"대기업 상장사들이 최근 대규모 유상증자를 단행하면서 투자자들이 거세게 반발하고 있다. 국내 증시에 밸류업 분위기를 타고 겨우 상승 흐름을 보였는데, 상장사들이 기습 유상증자를 하면서 기존 주주들이 피해를 봤다는 것이 주주들의 입장이다. 대기업 상장사들의 이같은 행태가 증시 밸류업에 역행한다는 비판이 나온다. 23일 금융투자업계에 따르면 한화에어로스페이스와 삼성SDI 등 대기업 상장사들이 최근 유상증자를 단행했다."

_2025. 3. 23

특히 한화에어로스페이스의 이번 유상증자 규모는 무려 3조 6000억원으로 국내 역대 최대 규모에 해당한다. 한화에어로스페이스가 지난 21일 유상증자 계획을 발표하면서 한화그룹 주가는 일제히 급락했다. 단 하루 만에 시가총액이 6조원 가까이 줄어들었다.

2025년 3월 14일에는 삼성SDI가 시설투자 자금 확충용 2조원 규모의 유상증자를 결정하면서, 당일 주가가 6.18% 급락해 52주 신저가를 기록했다.

2024년 10월 30일에는 영풍·MBK파트너스와 경영권 분쟁

중인 고려아연이 2조5000억원 규모의 유상증자를 기습 결정하면서 고려아연 주가가 관련 공시 직후 하한가로 급락하기도 했다. 당시 금융감독원이 정정신고서 제출을 요구한 끝에 유상증자 계획은 철회됐다.

그러나 이번 한화에어로스페이스·삼성SDI의 경우, 금감원은 중점심사하겠다고 예고하다가 결과도 나오기 전에 돌연 '긍정적' 입장으로 선회한 상태다. 기업의 적극적 투자 활동을 위한 자금 조달에 지원을 아끼지 않겠다는 방침이다.

그럼 기업에서는 호재로 작용할 수 있는데, 일반 주주 입장에서는 투자 심리를 급속히 냉각시키는 유상증자란 무엇이고 왜 비판받을까? (참고: 09. 유상증자)

유상증자란

유상증자란 기업이 주식을 신규 발행해 자금을 조달하는 것을 말한다. 가령 5억원의 자본금을 추가로 확보하려면 액면가 5000원의 주식 10만주를 더 발행하면 되고, 이때 새로 발행된 주식은 신주가 된다.

기업은 신주를 투자자들에게 판매함으로써 현금을 확보하게 된다. 이렇게 확보한 현금은 설비 투자, 연구개발(R&D), 부채 상환, 운영자금 마련 등의 목적으로 사용된다.

유상증자의 유형은 기존 주주에게 우선적으로 신주를 인수할 권리를 부여하는 주주배정 방식과 기존 주주뿐만 아니라 일반 투자자를 대상으로 신주 인수 권리를 주는 일반공모 방식, 기관·전략적투자자 등 특정 투자자에게 신주를 배정하는 제3자 배정 방식 등 세 가지로 나뉜다.

유상증자는 기업은 자본금을 직접 증가시키는 도구가 된다. 기업이 주식을 추가 발행해 자금을 조달하는 것이므로 자금이 기업에 직접 유입된다.

반면에 주식시장 내 기존 주식 거래는 기업의 자금과는 무관하다. 기존 주식 매매는 투자자들 간의 거래일 뿐, 기업에 새로운 자금을 유입시키진 않기 때문이다.

기존 주주가 신주를 매입하면 지분을 유지할 수 있지만, 신주를 사지 않으면 지분율이 희석된다.

유상증자의 장단점

유상증자는 기업 입장에서는 부채 없이 자본을 확충할 수 있으므로 재무 건전성 개선을 꾀할 수 있다는 점에서 긍정적이다. 또한 유상증자로 마련한 자금으로 사업을 확장할 수 있으므로 기업의 성장 기회를 마련한다는 측면에서도 장점이 있다.

반면에 신주 발행으로 주당 가치가 희석될 가능성은 단점이다. 기존 주주 입장에서는 신주 발행으로 지분율이 낮아지는 점도 부정적이다. 특히 시장이 예상치 못한 대규모 증자는 단기적으로 주가에 악재로 작용할 수 있다. 또한 기업이 유상증자를 자주 하게 되면 시장의 신뢰를 잃게 될 여지가 높다.

특히 유상증자 목적이 부채 상환이나 운영자금 충당이라면 시장에서는 기업의 재무 상황이 급박하다고 인식하게 된다.

한화에어로스페이스 · 삼성SDI 유증 비판받는 이유는

이번 한화에어로스페이스의 유상증자를 놓고 논란이 거센 까닭은, 타이밍 상의 문제가 크다.

한화에어로스페이스의 주가가 역대 최고가(장중 78만원)를 쓴 지난 18일 직후 주주들에게 신주인수권을 주는 주주배정 유상증자 방식을 발표함으로써 주주들의 부담을 키웠다는 비판이다.

회사 측은 어려운 업황 속 지속적인 성장을 위해 불가피한 선택이었다는 입장이다. 그러나 증권가에서는 올해 예상 연결 영업이익 규모나 향후 이익 개선세를 감안할 때 유상증자 외에 다른 방법을 강구했어야 한다는 목소리가 나온다.

특히 한화에어로스페이스의 올해 예상 연결 영업이익이 3조 5000억원으로 이번 유상증자 규모에 맞먹는 것에 대해, 기업이 수익을 내곤 있지만 현금 유동성이 좋지 않거나 급한 자금이 필요해 재무 상황에 문제가 있는 것 아니냐는 우려의 눈초리를 자아낸다.

증권가에서는 "회사가 이익을 많이 내고 있는데 굳이 유증을 이렇게 큰 규모로 했어야 하는지 궁금하다"고 지적한다.

한국신용평가가 지난달 한화에어로스페이스 무보증사채 등급을 'A+(안정적)'으로 평가한 상황에서, 양호한 신용등급을 가졌는데도 굳이 유상증자 방식을 택한 것에 대해 물음표가 찍혔다. 신용도가 낮아 금융권 대출이 어렵다면야 유상증자 외에 선택지가 없을 수 있겠지만, 한화에어로스페이스는 그렇지 않다는 시각이다.

무분별하고 일방적인 유상증자는 다수 주주 이익을 침해하는 '코리아 디스카운트'의 고질적 폐해라고 일반 투자자들은 입을 모은다.

[인수·합병(M&A)]

기업 경쟁력 강화…
효율적 구조조정 수단

20

"'저축은행 사태' 트라우마가 있는 저축은행업계는 최근 저축은행들의 인수·합병(M&A) 전면 자율화를 요구하고 있다. 부동산 프로젝트파이낸싱(PF) 부실로 인해 저축은행 업계의 건전성이 악화된 상황에서 구조조정 압박이 커지고 있기 때문이다. M&A를 통해 대형 저축은행이 영세 저축은행을 인수하면, 업계의 건전성을 개선하고 효율적인 구조조정을 촉진할 수 있을 것으로 기대된다."

_2025. 3. 30

M&A가 종종 부정적 이미지와 오버랩되기도 하지만, 적대적 M&A가 아니라면 순기능도 많다. M&A를 통해 기업은 사업 확장과 시너지 효과, 경쟁력 강화를 꾀할 수 있고, 경영이 어려운 기업은 회생 기회를 얻을 수 있다.

그럼 M&A는 무엇이고 기업 경영에서 왜 중요할까?

M&A란

M&A는 기업 간의 인수 또는 합병을 통해 사업을 확대하거나 경쟁력을 강화하는 전략을 의미한다. M&A는 크게 합병(Merger)

과 인수(Acquisition)로 구분된다.

먼저 합병은 두 개 이상의 기업이 하나로 통합되는 방식이다. 기존 법인이 유지되거나 새로운 법인이 설립된다. 가령 대한항공과 아시아나항공의 합병을 들 수 있다. 대한항공은 2024년 12월 아시아나항공의 지분 63.88%를 취득해 최대주주가 됐고, 아시아나항공은 대한항공의 자회사로 편입됐다.

인수는 한 기업이 다른 기업 지분을 인수해 경영권을 획득하는 방식이다. 주식 인수나 자산 인수 형태로 진행된다. 네이버가 2023년 북미 기업간거래(B2B) 플랫폼인 포시마크를 인수한 사례를 들 수 있다.

M&A 왜 이뤄질까

M&A는 기업 성장과 시장 점유율 확대를 주요 목표로 한다. 신사업에 진출하거나 해외시장에 진출하기 용이하다. 또한 경쟁사를 제거해 시장 점유율을 높일 수 있다.

중복되는 인력·자원을 통합해 운영 비용 절감하는 효과도 있다. 기술·노하우 공유로 경쟁력 강화를 꾀하기도 한다.

적자 기업을 인수했다면 구조조정을 통해 수익성을 개선할 수 있다. M&A를 통해 기업가치가 상승되면 투자를 유치하기도 수월해진다.

M&A 절차는 '타겟 기업 선정 → 예비 실사 → 인수 제안 및

협상 → 본격 실사 → 계약 체결 및 규제 승인 → 거래 종결 → 통합 작업'의 단계를 거친다.

M&A 리스크라면 기업 문화 차이로 M&A되는 조직 간 충돌이 일어날 수 있다는 점이다. 또한 시너지 효과가 예상보다 낮을 수 있고, 법적·규제적 문제에 부딪히거나 인수 후 재무적 부담이 증가할 수 있다.

국내 M&A 동향

국내에서는 다양한 산업에서 M&A가 활발하게 진행되고 있으며, 특히 대기업의 스타트업 인수나 해외기업 인수가 늘고 있다.

국내 대기업들은 기술 혁신, 신사업 확장, 글로벌 경쟁력 강화를 위해 스타트업 M&A를 적극적으로 활용하고 있다.

대기업이 스타트업을 인수한 주요 사례로는 2017년 삼성전자의 대화형 AI 스타트업 플런티 인수를 들 수 있다. 당시 삼성전자는 플런티 인수를 통해 서비스 브랜드로 발전시켰다.

롯데쇼핑은 2021년 국내 최대 중고거래 플랫폼인 중고나라를 콜옵션 인수하며 커머스 사업을 확장했다. 같은 해 통신 대기업 KT는 자산관리 핀테크 스타트업인 뱅크샐러드를 약 1500억원~3000억원에 인수하며 마이데이터 사업에 진출했다.

마찬가지로 2021년에 토스(비바리퍼블리카)는 모빌리티 서비스

타다의 운영사인 VCNC의 지분 60%를 인수하며 금융과 모빌리티를 연결하는 밸류체인(가치사슬)을 구축했다.

2022년에는 카카오게임즈가 RPG 게임 '오딘: 발할라 라이징'으로 유명한 라이온하트스튜디오를 인수했다. 같은 해에 현대·기아차는 자율주행 플랫폼 스타트업인 포티투닷을 4277억원에 인수하며 자율주행 기술을 강화했다.

2024년에 LG생활건강은 미국 화장품 브랜드인 더크렘샵을 1485억원에 인수해 글로벌 시장 진출을 확대했다.

한국 대기업들은 기술력 강화, 글로벌 시장 진출, 사업 다각화를 목표로 해외 기업 인수도 적극적으로 추진하고 있다.

먼저 2006년에 효성은 미국 타이어 제조사 굿이어(Goodyear)의 자회사인 해외 사업부문 및 생산 기지를 인수해 글로벌 타이어코드 시장 점유율을 확대했다.

2007년에는 포스코가 말레이시아 전기도금강판 업체인 MEGS를 인수하며 소재 부문에서 글로벌 공급망을 확보했다.

같은 해에 두산은 미국 건설장비 제조업체인 밥캣(Bobcat)을 약 49억달러(약 6조원)에 인수하며 글로벌 건설장비 시장에서 입지를 강화했다.

2016년에 삼성전자는 미국 고급 가전회사인 데이코(Dacor)도 인수해 프리미엄 가전 시장 진출을 강화했다.

2017년에 삼성전자는 미국의 자동차 전장(전자장비) 전문기업

하만을 약 9조4000억원에 인수했다.

SK하이닉스는 2021년에 반도체 경쟁력 확보를 위해 인텔 낸드사업부를 인수했다.

적대적 M&A란

적대적 M&A(Hostile M&A)는 인수 대상 기업의 동의 없이 경영권을 장악하려는 인수·합병 방식이다. 대표적인 사례로는 2022년 일론 머스크의 트위트 인수 시도를 들 수 있다.

당시 일론 머스크는 트위터 지분 9%를 확보한 뒤 회사를 인수하려는 의사를 밝혔다. 트위터는 이를 적대적 M&A로 간주하고 방어 전략인 '포이즌 필'(Poison Pill)을 도입했지만, 결국 머스크는 트위터를 약 440억달러에 인수하며 경영권을 확보했다.

앞서 2005년에 중국해양석유총공사(CNOOC)는 미국의 석유회사 유노칼을 인수하려고 시도했는데, 이는 미국 내 국가안보 우려를 불러일으켰다. 미국 의회는 거래를 승인하지 못하도록 결의했고 인수 시도는 무산됐다.

명품업계에서는 적대적 M&A가 브랜드 정체성과 국가적 자존심을 둘러싼 위협으로 간주된다.

2010년에 루이비통 모에 헤네시(LVMH)는 에르메스의 지분을 17.1%까지 확보하며 경영권 인수를 시도했으나, 에르메스는 이를 적대적 M&A로 간주하고 강력히 반발했다.

에르메스는 가족기업의 구조를 유지하기 위해 방어 전략을 강화했고, LVMH는 공식적으로 인수 의사가 없다고 발표했으나, 긴장 관계는 지속됐다. 이 사건은 명품업계에서 적대적 M&A의 대표적인 사례로 꼽힌다.

2011년에 LVMH는 이탈리아 명품 브랜드 불가리를 인수했다. 불가리 가문은 자발적으로 경영권을 넘겼지만, 이탈리아 내에서는 자국 브랜드가 프랑스 기업에 넘어간 데 대한 비판이 거셌다.

2016년에 영국 명품 브랜드 버버리는 적대적 M&A 타깃이 되며 주가가 급등했다. LVMH 그룹이나 사모펀드들이 버버리를 인수하려 한다는 소문이 돌자, 버버리는 경영권 방어를 위해 다양한 전략을 모색했고 실제 인수 시도는 성사되지 않았다.

국내 대기업에 대한 해외 투기자본의 적대적 M&A 시도는 잘 알려진대로, 2003년 소버린 펀드의 SK그룹 경영권 위협, 2006년 미국 행동주의 투자자 칼 아이칸의 KT&G 경영권 장악 시도 등이 있다.

[국고채 금리]
정부 발행 채권…
대출금리 변동에 영향

21

"지난 4일 국고채 금리는 미국 국채 금리의 급락과 장중 헌법재판소의 윤석열 대통령 파면 선고 소식에 하락했다. 이날 국고채 금리는 지난밤 미국 뉴욕 증시의 미국 국채 10년물 금리 급락 소식에 하락 출발했다. 국내 국고채 시장은 6bp(1bp=0.01%포인트) 안팎 하락하며 강세를 보였다. 채권 금리와 가격은 반대로 움직인다."

_2025. 4. 6

장중 국고채 3년물 금리가 2025년 1월 10일 이후 석 달여 만에 2.5%를 하회하는 가운데, 4월 4일 오전 헌법재판소가 윤 대통령 탄핵안을 인용했다. 문형배 재판관이 선고문을 읽는 도중 10년물 금리 하락폭은 1bp 미만으로 떨어지기도 했다. 2024년 12월 초부터 시작된 계엄 불확실성이 해소되는 순간이었다. 이 여파로 외국인투자자는 국채 선물을 역대급으로 사들였다. 증권가는 이날 윤 대통령 파면 결정으로 정치적 불확실성이 완화되고 대선 정국에 확장재정 정책이 펼쳐지면서 금리의 하방 경직성이 강화될 것으로 전망했다.

그럼 시장이 주목하는 국고채 금리는 무엇이고 왜 중요할까?

국고채 금리란

국고채 금리는 대한민국 정부가 국고채를 발행해 돈을 빌릴 때 지급하는 이자율을 말한다. 국고채는 정부가 국민이나 기관으로부터 자금을 조달하기 위해 발행하는 채권으로, 이를 통해 도로, 학교, 다리 건설 등 다양한 공공사업을 수행할 자금을 마련한다.

가령 국고채 금리가 3%라면 정부는 100원을 빌릴 때 매년 3원의 이자를 지급하며, 만기 시 원금을 상환한다.

국고채는 다양한 만기를 가지며, 일반적으로 만기가 길수록 금리가 높아지는 경향이 있다. 장기적으로 돈이 묶이는 위험에 대한 보상으로 더 높은 이자를 제공한다.

국고채 금리 왜 중요한가

국고채 금리는 단순히 정부의 차입 비용을 넘어, 경제 전반에 중요한 영향을 끼친다. 먼저 회사채나 대출금리는 국고채 금리에 신용위험 등을 반영한 가산금리를 더해 결정된다.

국고채는 정부가 발행하므로 채무불이행 위험이 거의 없다. 국고채 금리는 '무위험 수익률'로 간주되며 다른 금융상품들의 금리를 결정하는 기준이 된다.

따라서 일반적으로 대출금리는 국고채 금리보다 높게 설정되며, 국고채 금리가 상승하면 대출금리도 상승하게 된다. 이는 개인이나 기업의 자금 조달 비용 증가를 초래한다.

국고채 금리 변화는 주식, 부동산 등 위험자산 가격에도 영향을 미친다. 높은 국고채 금리는 투자자들이 상대적으로 안전한 채권으로 이동하게 만든다. 이는 주식 및 부동산 시장의 하락 압력을 가중시킬 수 있다. 또한 기업의 자금조달 비용 증가로 경제 활동이 둔화될 수도 있다.

국고채 금리는 거시경제 지표로서의 역할을 한다. 국고채 금리는 인플레이션, 경제성장률, 통화정책 등 다양한 요인의 영향을 받으며, 이를 통해 경제 상황을 판단하는 중요 지표로 활용된다. 특히 장단기 국고채 금리차는 경기침체 가능성 예측에 사용된다.

장단기 국고채 금리차, 경기침체를 예측?

단기금리가 장기금리보다 높아지는 장단기 금리 역전 현상은 투자자들이 미래의 경제 전망을 비관적으로 바라본다는 것을 알려준다. 이러한 투자자들은 안전자산인 장기채권으로 자금을 이동시킨다.

역사적으로 2000년 닷컴 버블 붕괴나 2008년 글로벌 금융위기 등 굵직굵직한 경기침체 발생 12~18개월 전 장단기 금리 역전 현상이 발생한 바 있다.

자본시장연구원에 따르면, 미국에서는 1962년 이후 총 7차례의 경기침체가 있었는데 모든 침체기에 앞서 장단기 금리가 역전됐다. 또한 1960년 중반 사례를 제외하면, 장단기 금리(10년 금리-3개월 금리)가 역전된 후 5개월에서 23개월 내 경기가 침체국면으로 들어갔다. 한국 경제의 경우, 장단기 금리차가 코스피지수의 선행지표 역할을 하기도 한다.

일반적으로 장단기 금리차는 코스피지수에 1개월 선행하며 상관계수는 0.80으로 높은 편이다. 장단기 금리차는 국내총생산(GDP) 성장률을 예측하기도 하며, 부동산 시장 전망에도 활용된다.

2025년 3월 기준 미국 10년물 국채 수익률이 4.27%로 3개월물 4.32%보다 낮고, 한국 국고채 10년물 금리 또한 3.383%로 기준금리 대비 0.117%포인트 낮은 상태다.

투자자들은 이같은 장단기 금리 역전이 지속된다면 2025년 하반기 경기침체 확률은 68%가 될 것으로 예측한다.

이러한 신호는 중앙은행의 금리 정책 변화와 기업의 투자 위축으로 이어져 실물경기 침체를 촉발할 수 있다.

다만 금리 역전이 항상 침체로 직결되는 것은 아니므로, 고용지표나 소비동향 등 다른 거시지표와 종합적으로 분석해야 한다.

[종투사 · 초대형IB]
'한국형 골드만삭스'… 기업금융 업무 수행 '초대형 금융기관'

22

"금융당국이 3분기 종합투자사업자(종투사) 지정 심사를 재개하면서 2분기부터 신청을 원하는 증권사들과 협의를 시작하고 3분기 본격적인 신청을 받을 전망이다. 이에 연내 종합투자계좌(IMA) 1호 사업자와 6호 초대형 투자은행(IB)이 나올 것으로 기대된다. 13일 금융투자업계에 따르면, 그간 종투사는 미래에셋·NH투자·삼성·한국투자·키움·메리츠·KB·신한투자·하나증권 등 9곳이었다가 지난해 말 대신증권이 10번째로 지정됐다."

_2025. 4. 13

종투사는 법령상 자기자본 기준, 내부통제 시스템, 물적 설비 등 요건을 충족한 증권사가 금융당국에 신청해서 지정받는 방식이고, 초대형 IB는 초대형 IB로 지정된 후 발행어음 등 특정 업무 수행을 위해 자기자본 기준 외에도 재무 건전성, 대주주 적격성 등의 요건을 충족해야 업무 수행을 인가받을 수 있는 구조다.

그럼 종투사와 초대형 IB는 무엇이고 어떤 업무를 할까

종투사란

종투사는 2013년 자본시장법 개정에 따라 도입된 제도로 대형 증권사들 중에서 기업대출, 지급보증, 어음할인 등 기업금융 업무를 수행할 수 있도록 허용된 금융기관을 뜻한다.

이 제도는 은행이 적극적으로 대출하지 않는 혁신기업과 대규모 프로젝트에 모험자본을 공급하고 금융시장의 발전과 기업금융 활성화를 목표로 한다.

자기자본 3조원 이상인 대형 증권사가 지정 대상이며, 자기자본 규모에 따라 추가적인 업무가 허용된다.

종투사로 지정되면 활용가능한 신용공여한도가 자기자본의 100%에서 200%로 늘어나고 기업 신용공여 업무가 가능해진다.

종투사의 의의는 먼저 은행 중심의 간접금융에서 증권사를 통한 직접금융으로 자금 조달 경로를 확대하는 데 있다. 또한 기업 대출과 프로젝트 금융을 통해 실물경제를 지원하고 글로벌 경쟁력을 갖춘 초대형 투자은행으로의 성장을 촉진하는 의미가 있다.

다만 단기금융업무와 종합투자계좌 운용 시 엄격한 규제를 준수해야 하며, 기업금융 관련 자산에 일정 비율 이상을 투자해야 한다. 부동산 관련 자산 운용이나 개인 신용공여 등은 제한된다.

종투사는 금융시장과 실물경제 간 연결고리를 강화하며, 한국 금융산업의 경쟁력을 높이는 중요한 제도로 평가받고 있다.

초대형 IB란

초대형 IB는 2011년부터 논의가 시작돼 2017년에 첫 출범한 제도다.

혁신기업에 모험자본을 공급하고 국내 금융시장을 글로벌 수준으로 끌어올리기 위해 설계됐다. 한국에서는 '한국형 골드만삭스'를 육성하겠다는 취지에서 시작됐다. 종투사 중에서도 자기자본 4조원 이상을 보유한 대형 증권사를 초대형 IB로 지정한다.

종투사의 모든 업무 수행이 가능하며, 자기자본 4조원 이상은 만기 1년 이내 발행어음을 통한 자금조달이 가능하고 자기자본 8조원 이상은 종합투자계좌(IMA) 업무가 허용된다.

현재 국내에서 발행어음 사업을 영위 중인 증권사는 미래에셋·한국투자·NH투자·KB증권·삼성증권 등 5곳이다. 아직 인가를 받지 않았지만 진출을 원하는 증권사는 키움·하나·메리츠증권 등이다. 여기에 2025년 4월 11일 신한투자증권도 발행어음 사업 신청서를 제출할 뜻을 밝히며 합류 태세를 내비쳤다.

IB는 기본적으로 증권, 채권 등 인수 및 판매를 위주로 하는 증권업무를 고유 업무로 한다. 신규증권 발행으로 장기자금을 조달하려는 자금 수요자와 공급자인 투자자 사이를 연결하는 중개기능이 주요 업무다.

최근 IB 업무가 다양해져, 소비자금융뿐만 아니라 단기 금융시장 업무, 선물옵션, 파생금융상품 업무, 투자신탁, 투자자문 업무, 부동산관련 업무, M&A 등까지 한다.

은행, 보험사, 부동산회사 등 자회사를 두고 여러 복합상품을 취급하는 종합금융서비스를 취급한다. IB의 핵심은 투자자와 기업을 연결하는 기업금융 역할인 셈이다.

대형 IB들은 기업의 해외증권 발행 등을 대행하며 높은 수수료를 받고 회사 M&A를 적극 중개하며, 때에 따라 본인이 직접 기업을 샀다가 기업가치를 높인 뒤 되팔기도 한다.

초대형 IB가 필요한 이유는 위험을 감내할 수 있는 자본력, 위험을 제어할 수 있는 전문성, 투자자와 자금수요자 등 시장의 신뢰와 평판을 바탕으로 한 네트워크와 대규모 자금조달 능력이 필요하기 때문이다.

은행과 벤처캐피탈(VC) 중심의 자금 공급만으로는 성장잠재력이 큰 혁신기업에 대한 집중적 투자나 자금 공급이 어렵다는 한계에서 초대형 IB가 탄생했다.

해외에서는 골드만삭스 등 글로벌 IB가 에어비앤비, 우버 등 스타트업 기업에 투자해 기업가치 10억달러 이상 유니콘기업으로 성장하도록 도운 사례가 있다.

세계 경제 규모가 커지면서 한국도 국내 기업의 해외 진출을 지원해줄 금융의 역할이 커진 상태다. 초대형 IB 성장에 따라 약 21만~43만개 일자리 창출 효과도 기대된다.

다만 국내 초대형 IB의 평균 자기자본은 약 5조원으로 100조원대인 골드만삭스 등 글로벌 투자은행 대비 미약하다. 또한 전문성 부족과 해외 네트워크 미비로 글로벌 시장에서의 경쟁력도 낮다.

발행어음이 핵심 사업으로 부각됐으나 당초의 투자 확대보다는 리테일 금융상품 성격으로 변질됐다는 비판도 나온다.

은행과의 경계가 모호해지는 문제 등 규제 강화 필요성도 제기된다. 단순 브로커리지 수익 의존에서 벗어나 다양한 금융서비스 제공으로 수익원을 다각화할 필요성도 제기된다.

금융당국이 2026년부터 인가 문턱을 높이겠다고 예고하면서 연내 종투사 지정과 초대형 IB 인가를 마치려는 증권사들의 움직임이 분주해질 것으로 보인다.

[미국 국채]
'세계 안전자산'에서 '달러 패권 리스크'의 주역으로

"최근에 중국 등 주요국 정부가 외환보유고에서 미국 국채 비율을 줄이는 경향이 나타나면서 달러 약세 전망이 나타나고 있다. 또한 미국 국채 수요가 줄어들면 미국 정부는 향후 국채 발행 시 더 높은 금리를 제시해야 한다. 그러나 트럼프가 이같은 달러 약세나 국채 이자 비용을 용납하지 않으리란 관측이다. 이에 미국이 이자 부담 없이 자금을 조달할 수 있는 방법으로 무역 상대국이 보유한 미국 국채를 초장기 채권으로 교환하는 협정을 맺는 방식을 제안할 가능성이 제기됐다."

_2025. 4. 19

방위력 제공을 빌미로 외국 정부가 기존에 보유한 국채를 만기 100년인 미국 국채 또는 영구채로 바꾸도록 압박하는 식이다.

다만 이 경우 미국 정부가 사실상 디폴트(채무 불이행)를 선언하는 것과 다를 바 없는 상황이 되므로 미국 정부가 실제로 만기 100년 미국 국채 방안을 실행할지 여부는 미지수다.

그럼 국채는 무엇이고 어떤 역할을 하며, 미국 국채가 왜 중요할까. 또 중국은 최근에 미국 국채를 어떠한 이유로 팔고 있는지 살펴보자.

국채란

국채는 국가가 공공목적에 필요한 자금을 확보하거나 기존에 발행한 국채의 상환을 위해 발행하는 채권이다. 즉 국가가 돈을 빌리기 위해 발행하는 일종의 '빚 문서'라고 보면 된다.

투자자는 국채 구매를 통해 국가에 돈을 빌려주고, 국가로부터 일정 기간 동안 이자를 지급받으며 만기일에는 원금을 돌려받게 된다.

국채는 대표적인 안전자산으로 간주된다. 국가가 파산하지 않는 한 약속된 기간이 되면 원금과 이자를 받을 수 있기 때문이다. 기업이 발행하는 회사채에 비해서도 안전성이 매우 높게 평가받는다.

국채는 정기적으로 이자를 지급하며 이자율은 고정금리, 변동금리, 물가연동 등 다양한 형태로 책정된다. 만기는 기간에 따라 1년 이하 단기물에서 1~10년 중기물, 10년 이상 장기물로 나뉜다. 국채는 발행 후에도 시장에서 자유롭게 매매할 수 있으므로 유동성이 높다.

국채의 장·단점

국채의 장점은 앞서 설명했듯이 국가가 지급을 보장해 신용도가 높고 안정성이 뛰어나다는 점이다. 이에 안정적인 이자수익을 기대할 수 있고 유동성이 높아 필요 시 쉽게 현금화할 수 있다.

반면에 단점은 안전성에 비해 이자율이 낮은 편이고 인플레이션 발생 시 실질수익률이 하락할 수 있다. 금리 변동 시 채권 가격도 바뀌어 중도매도하면 손실을 볼 여지도 있다. 또한 국가의 경제 상황이 악화되면 디폴트 위험도 존재하지만 그 가능성은 매우 낮다.

국채 발행 목적

국가는 국채를 통해 도로, 철도 등 인프라 건설과 공공서비스 제공, 재정적자 보전 등 다양한 공공목적에 필요한 자금을 조달한다. 세금이나 화폐 발행, 자산 매각 등으로 충당할 수 없는 자금을 국채 발행을 통해 마련한다.

미국 국채, 왜 중요한가

미국 국채는 '세계의 안전자산'이라고 불릴 정도로 전세계 금융시장과 실물경제에 막대한 영향을 미치는 핵심 자산이다.

미국 정부의 신용과 달러의 기축통화 지위 덕분에, 전세계 투자자들은 경제 불확실성이 높아지거나 위기 상황에 놓이면 가장 먼저 미국 국채를 찾는다. 미국 국채의 강력한 지급보증이 미국 국채에 대한 신뢰도를 높인다.

또한 10년 만기 미국 국채는 글로벌 금융시장에서 '기준금리'로 작용한다. 10년 만기 미국 국채 금리는 미국 경제의 성장 가능성과 물가 전망을 가장 잘 반영하는 지표로 평가된다. 따라서 미국 10년물 국채 금리의 방향성과 수익률 곡선(장단기 금리차)은 경기침체 가능성 등 미래 경제 전망 예측에 널리 활용된다.

미국 국채 금리가 오르면 전세계 대출·채권·주식 등 다양한 금융상품의 금리와 가격에 직접적인 영향을 주는 것은 물론, 각국의 통화정책과 환율, 주식시장, 금·유가 등 원자재 가격에도 파급효과를 끼친다.

미국 국채시장은 일평균 거래액이 지난해 기준 9100억달러를 넘고 전체 시장 규모는 미국 국내총생산(GDP)보다 클 정도로 방대하다. 이처럼 유동성이 뛰어나므로 글로벌 자금의 이동 경로와 투자심리에 결정적인 역할을 한다.

미국 국채는 각국 중앙은행과 글로벌 금융기관의 외환보유고, 투자 포트폴리오에서 핵심적인 비중을 차지한다. 외국인의 미국 국채 보유액은 지난해 기준 8조5000만달러에 달한다.

특히 금융위기나 지정학적 긴장, 글로벌 경기 둔화 등 리스크가 커질 때마다 미국 국채 수요가 급증한다. 이는 미국 국채가 시장 신뢰의 '최후의 보루'임을 의미한다.

중국 등이 미국 국채 파는 이유

그런데 최근 중국 등 주요국이 미국 국채 매도 흐름을 보이는 것은 미중 갈등에 따른 보복 카드로 이를 활용하려 한다는 것이 주된 분석이다.

미국의 고율 관세 정책과 미중 간 무역·외교 갈등이 심화되면서 중국이 미국에 대한 보복 수단으로 미국 국채 매도를 활용할 수 있다는 분석이 제기되고 있다.

중국은 세계 2위 미국 국채 보유국으로 대규모 미국 국채 매도를 통해 미국 금융시장에 충격을 주고 협상력을 높이려는 의도가 있다는 시각이다.

이밖에도 미국 정부의 재정적자 확대와 이에 따른 국채 발행 증가로 국채 가격 하락(금리 상승) 전망이 나오고 있는 상황에서, 투자자들이 미리 매도에 나서고 있다는 분석도 나온다.

중국이 위안화 가치 방어나 외환보유액 포트폴리오 다변화 차원에서 미국 국채 보유량을 줄이려는 움직임도 나온다. 미국 국채를 매도해 달러 자산 비중을 줄이고, 금 등 다른 자산으로 자금을 이동시키는 전략을 병행하고 있다.

또한 최근 글로벌 금융시장 불안정성이 확대되면서 헤지펀드 등 기관투자가들의 포지션 청산, 은행권의 유동성 확보 등이 복합적으로 작용해 미국 국채를 매도하는 흐름도 나오고 있다.

러시아와 우크라이나 간 전쟁으로 미국이 러시아에 대해 금융제재를 취한 것이 중국으로 하여금 미국 국채 등 달러자산 의존도를 줄여야 한다는 경각심을 불러일으켰다는 시각도 있다.

 달러 패권에 대한 리스크 분산 차원에서 미국 국채 매도가 이어지고 있다.

[CET1(보통주자본비율)]
금융기관 자본 건전성 평가…
주주환원 정책의 기준

24

" '밸류업'으로 국내 기업들의 주주환원이 주요 정책으로 떠오르면서 CET1 비율(보통주자본비율)의 중요성도 커지고 있다."

_2025. 4. 23

　우리금융그룹이 서울 중구 소재 우리금융 디지털타워를 포함해 주요 부동산 자산 매각을 검토하는 것으로 알려졌다. 동양 ABL 생명 인수에 따른 자본확충 계획의 일환으로 이를 통해 CET1 비율(Common Equity Tier1) 개선을 꾀할 것이란 관측이 나온다. CET1 비율에 따라 은행의 투자활동에 제약이 걸릴 수 있는 셈이다.

　이렇듯 CET1은 은행 입장에서는 리스크 방어 차원에서 중요하지만, 주주 입장에서는 주주환원 측면에서 중요한 지표다.

　최근 '밸류업'으로 국내 기업들의 주주환원 정책에 관심이 쏠

리면서, 배당 등 주주환원 정책의 기준이 되는 CET1 비율이 더욱 주목받는다. 2024년 주요 금융지주는 '코리아 밸류업지수'에 편입되면서 목표 CET1 비율로 13%를 제시했다. 이를 초과하는 잉여자본은 자사주 매입·소각 자원으로 활용해 주주에게 환원하겠다고 약속했다. CET1 비율이 하락하면 당장 주주들에게도 목표했던 주주환원 이행이 어려워질 수 있다. 은행뿐만 아니라 주주들도 CET1 비율 변동에 촉각을 기울이는 배경이 된다.

이에 따라 국내 주요 금융지주의 실적 발표 시즌마다 CET1 비율에 관심이 집중되고 있다.

그럼 CET1 비율이란 무엇이고 왜 중요할까?

CET1 비율이란

원래 CET1 비율은 은행이나 금융기관의 자본 건전성을 평가하는 핵심 지표로, 국제결제은행(BIS) 자기자본비율 중에서도 가장 중요한 항목이다.

CET1 비율은 은행이 위기 상황에서 손실을 얼마나 흡수할 수 있는지, 즉 재무적 안정성과 신뢰도를 보여주는 대표적인 지표다.

CET1 비율이 높을수록 은행은 예상치 못한 손실을 흡수할 수 있는 능력이 커진다. 반면에 CET1 비율이 낮으면 신용등급하락 위험이 높아진다.

바젤 III 국제 규제 기준에 따라 은행들은 최소 4.5% 이상의 CET1 비율을 유지해야 하며, 국내 주요 금융지주들은 13% 이상을 목표로 관리하고 있다.

또한 CET1 비율이 일정 수준을 초과하면 잉여 자본을 주주들에게 배당 등으로 환원하는 정책의 기준으로도 활용된다.

CET1 비율은 보통주자본(CET1)(분자)를 위험가중자산(RWA)(분모)로 나눈 백분율 수치다.

CET1은 은행의 가장 질 좋은 순수 자기자본이고 RWA는 은행 보유 자산에 각 자산별 위험도를 반영해 가중치를 부여한 값이다.

CET1에는 보통주(기업이 발행한 가장 기본적인 주식)와 이익잉여금(기업이 벌어들인 이익 중 배당하지 않고 남겨둔 금액), 자본잉여금(주식 발행 시 액면가를 초과해 조달한 자본), 기타포괄손익누계액(평가이익 등), 준비금(미래 손실에 대비해 적립한 금액) 등이 포함된다.

반면에 우선주나 후순위채권 등은 CET1에 포함되지 않는다.

따라서 CET1 비율을 관리하려면 이익잉여금 등 CET1을 늘리는 방식으로 순이익을 증가시키고 위험도가 높은 자산은 감축해 해당 비율을 높이는 방식으로 운영하면 된다.

다만 이익 증대를 위해 영업을 확대하면 RWA도 같이 늘어나는 경향이 있기 때문에 CET1 비율을 높이는 것은 쉽지 않다.

CET1 비율 어떻게 활용되나

국내 주요 금융지주들은 CET1 비율 개선에 힘쓰고 있다. JP모건 등 글로벌 선도 금융사들의 주주환원 방식을 벤치마킹해 CET1 비율을 주주환원 정책의 기준으로 삼는 추세다.

대표적인 예가 우리금융지주다. 우리금융지주는 지난해 말 기준 CET1 비율을 12.13%까지 끌어올렸다. 이는 자산 리밸런싱과 실적 성장에 기반한 결과다. 특히 기업금융 영업을 확대했다가 환율 변동 등 외부 리스크가 커지자 기업대출 잔액을 유지 또는 축소해 RWA(위험가중자산)를 관리한 것이 주효했다.

우리금융지주는 이렇게 상승한 CET1 비율을 통해 보험사 인수합병(M&A) 추진, '밸류업' 기업가치 제고, 주주환원 정책 확대의 근거로 삼고 있다. 우리금융지주는 CET1 비율이 12.5%를 넘으면 주주환원율을 40%까지, 13%를 넘으면 50%까지 확대하는 방침을 제시한 바 있다.

KB금융그룹은 CET1 비율이 13%를 초과하는 잉여자본을 배당, 자사주 매입 및 소각 등 주주환원에 활용하고 있다. 지난해 연말 CET1 비율이 13%를 넘으면 초과분을 올해 1차 주주환원 재원으로, 13.5%를 넘으면 추가 환원에 활용한다는 계획을 세웠다.

CET1 비율 하락 어떻게 막나

은행들은 CET1 비율 하락을 방지하기 위해 CET1 비율의 분모인 RWA를 관리한다. 즉 기업대출과 같은 저마진·고위험 대출 비중을 줄이고 자산 포트폴리오를 리밸런싱하는 경향을 보인다.

환율 및 시장 리스크에도 대응한다. 외화자산 비중이 높은 은행이라면 환율 변동이 RWA를 증가시켜 CET1 비율 하락을 초래할 수 있으므로, 환위험 관리와 자산 구조조정에 각별한 신경을 쓴다. 금융권에 따르면, 원화값이 10원 떨어질 때 4대 금융지주의 CET1 비율은 0.01~0.03%포인트 하락한다. 원화값이 떨어지면 은행이 보유한 외화자산의 원화 평가액이 늘어나고, 이에 따라 RWA가 늘어나 CET1 비율이 내려가는 것이다. 원화값이 2024년 4분기 이후 급락하면서 국내 시중 은행들은 CET1 비율 관리에 촉각을 기울이고 있다. 만일 1500원선까지 무너진다면 다수 금융사의 재무 비율 관리에 비상이 걸릴 수 있다. 금융권에선 4대 금융지주 중 KB금융을 제외한 3사가 CET1 비율 13%선 사수에 어려움을 겪게 된다.

또한 상시 모니터링을 통해 RWA 변동을 실시간 또는 주기적으로 모니터링하고, 임원 주관 회의를 통해 CET1 비율 관리계획의 이행 현황을 점검한다.

최근에는 비거래적 외환포지션 등 일부 자산을 RWA 산정에서 제외하는 규제 완화 조치도 활용하고 있다.

PART
5
Y

[K-ICS 비율(지급여력비율)]
국내 보험사 재무건전성 평가…지급여력제도

25

"새로 도입된 IFRS17 회계기준에 따라 2023년 국내 보험업계에 도입된 'K-ICS 비율'(기본자본 지급여력제도) 규제 고도화를 놓고 대형사와 중소형사 간 온도차를 보이고 있다."

_2025. 4. 26

  금융당국이 2025년 상반기 내 '보험업권 자본규제 고도화 방안'을 확정하고, 기존 가용자본(기본자본(자본금·이익잉여금)+보완자본(후순위채 등)) K-ICS 비율 권고치를 기존 150%보다 10~20% 포인트 완화하는 대신, 기본자본 K-ICS 비율을 의무준수 기준으로 추가한다는 방침을 밝히자, 보험사들이 양극화된 반응을 보였다. K-ICS 비율이 150~170% 수준인 대형사들은 여유가 생긴 반면에, 후순위채를 활용한 자본관리가 불가능해지는 등 자본의 질을 고려하게 된 중소형사들은 부담을 느끼고 있다.

  실제로 2024년 말 경과조치 적용 후 국내 보험사들의 K-ICS

비율은 직전분기 대비 11.6%포인트 하락하며 재무건전성이 악화됐다. 금융당국의 권고치를 겨우 충족하거나 달성하지 못한 보험사도 9곳에 달했다. 금리 하락에 따른 보험부채 증가로 가용자본이 감소한 탓이다. 반면에 보장성보험 판매와 투자자산 확대 등으로 요구자본은 늘었다. 보험사들의 재정에 빨간 불이 켜진 셈이다.

그럼 K-ICS 비율은 무엇이고 왜 중요할까?

K-ICS 비율이란

K-ICS(킥스) 비율은 국내 보험사의 재무건전성을 평가하는 새로운 지급여력제도다. 지난 2023년부터 도입된 이 제도는 국제회계기준 IFRS17과 국제보험감독자협의회(IAIS)의 보험자본기준(ICS)에 맞춰 기존 RBC(위험기준 지급여력) 제도를 대체한다. 새로 도입된 IFRS17 회계기준이 보험부채를 시가로 평가하므로 이에 발맞춰 자산·부채 모두를 시가로 평가하는 킥스 비율이 필요해졌다.

킥스 비율은 보험사의 지급능력을 현실적으로 평가해 보험금 지급 불이행 위험을 줄이고 소비자 보호를 강화한다.

또한 글로벌 기준과의 정합성을 확보해 해외 투자자와의 신뢰도와 경쟁력을 높였다.

킥스 비율은 시가평가를 기반으로 한다. 즉 보험사의 자산과 부채를 현 시가로 평가한다. 따라서 실제 시장 환경을 반영한 지급여력 평가가 가능하다.

또한 킥스 비율은 보험사가 실제로 보유한 자본(가용자본)을, 각종 리스크를 고려해 산출한 최소 필요자본(요구자본)으로 나눠 계산한다.

이 비율이 100% 이상이면 보험금 지급 여력이 충분하다고 평가받으며 금융당국은 150% 이상을 권고한다.

킥스 비율은 기존 RBC에 없던 해지와 사업비, 장수, 대재해, 자산집중 등 다양한 리스크를 추가해 보험사의 위험 측정을 한층 정교하게 한다.

또한 다양한 경제적 충격 상황을 가정한 시나리오를 통해 보험사의 지급여력을 평가한다.

유럽의 Solvency II, 글로벌 ICS와 유사한 구조로 설계해 국내 보험사의 국제 경쟁력과 신뢰도도 높였다.

킥스 비율 왜 중요한가

킥스 비율은 보험사가 금융위기나 대재해 등 극단적 스트레스 상황에서도 지급능력을 유지할 수 있도록 관리한다.

킥스 비율이 100% 미만이면 보험금 지급 의무 이행에 문제가 생길 수 있으므로 감독 대상이 된다. 구체적으로 50~100% 사이이면 감독당국은 보험사에 경영개선권고를 내리고 자본금

증액, 사업비 감축, 부실자산 처분, 인력 및 조직 운영 개선, 배당 제한, 신규업무 진출 제한 등의 조치를 적용한다.

0~50%이면 점포 폐쇄 및 통합, 임원진 교체, 보험업 일부 정지, 위험자산 보유 제한 등 보다 강력한 경영개선요구가 이뤄진다.

0% 미만이면 보험업 영업정지 등 최종적인 개입으로 경영개선명령이 적용될 수 있다.

반면에 킥스 비율이 150% 이상이면 금융당국의 권고치를 충족하므로 이 수준을 넘으면 안정적이라고 평가받는다.

킥스 비율이 200~300% 이상이면 매우 우수한 재무건전성으로 평가된다.

소비자 입장에서 연금, 종신보험 등 장기상품을 계약한 경우, 보험사의 미래 지급능력이 매우 중요하다. 킥스 비율은 이 부분을 정량적으로 관리해 보험사에 대한 장기적 신뢰성을 높인다.

보험사의 재무상태와 위험관리 결과가 투명하게 공시되는 점도 소비자가 믿고 보험사를 선택할 수 있도록 한다.

킥스 비율 개선되려면

금융당국은 국내 보험사들의 킥스 비율이 개선되려면, 보험사들의 금리변동 관리를 위한 자산·부채 종합관리(ALM)가 정교화돼야 한다고 지적한다. 또한 리스크 중심의 전사적 의사결정 체계 마련의 필요성도 제기한다.

그렇지 않고 기대수익성 지표인 CSM(보험서비스계약마진) 확보만을 위해 위험 대비 수익이 낮은 보장성 상품 판매에만 몰두한다면, 요구자본이 크게 증가해 킥스 비율이 하락할 수 있다고 경고했다.

금감원 관계자는 "금리하락 시 부채 듀레이션이 자산보다 크게 증가함에도 일부 보험사는 만기가 긴 상품 판매를 확대하는 등 ALM 관리가 크게 미흡하다"며 "자본 확충을 통한 가용자본 확보가 제한적이므로 상품개발 및 영업정책 수립 시점부터 노출된 리스크를 고려한 의사결정이 필요하다"고 말했다.

금감원은 보험회사에 대한 경영실태평가시 리스크 관리 체계를 면밀하게 점검하고, 회사별 리스크 특성에 기반해 대응방안을 마련토록 지도할 계획이다. 특히 기본자본 중심의 킥스를 통해 자본의 질 관리를 강조한다는 방침이다.

금감원 측은 "금리하락으로 기본자본이 크게 감소한 점을 고려할 때, 급격한 시장 충격에 선제적으로 대응할 수 있도록 안정적인 기본자본 관리가 긴요하다"며 "보험권역 자본의 질 제고를 위한 규제 고도화가 예정된 만큼 자본 구조의 내실화를 위해 노력할 필요가 있다"고 말했다.

[NIM(순이자마진)]
금융기관 수익성과 효율성의 평가 지표

26

"국내 4대 금융지주의 올해 1분기 이자이익만 10조원을 넘는 등 실적 호조를 보였다. 특히 금리 하락기에는 통상 은행 수익성이 나빠지는 경향이 있지만, 1분기 4대 금융의 NIM(순이자마진)은 전분기보다 높거나 비슷했다."

_2025. 4. 30

NIM은 은행이 자산을 얼마나 효율적으로 운용해 이익을 내는지 알려준다. 의외로 선진국보다 신흥국의 은행들에서 NIM이 높게 유지된다. 신흥국들은 대출금리와 예금금리 차이가 크고, 금융시장 구조상 높은 마진을 유지하는 경향이 있기 때문이다. 2021년 기준 짐바브웨의 NIM은 12.83%에 달해 세계 1위를 기록했다. 이어 타지키스탄(12.57%), 아르헨티나(10.44%) 등 순이다. 아시아 지역에서는 인도네시아 은행의 NIM이 5%로 가장 높은 수준이다. 이에 비해 미국, 유럽, 일본 등 선진국 은행들의 NIM은 평균 1~2%로 집계된다.

그럼 NIM이란 무엇이고 왜 중요할까?

NIM이란

NIM은 은행이나 금융기관의 수익성과 효율성을 평가하는 대표적인 지표다.

NIM은 은행이 대출, 채권, 유가증권 등 이자수익 자산을 운용해 얻은 이자수익에서 예금, 차입금 등 자금조달에 들어간 이자비용을 차감한 뒤, 이를 전체 이자수익자산의 평균잔액으로 나눠 산출한다.

NIM 왜 중요한가

NIM은 은행이 자산을 얼마나 효율적으로 운용해 이익을 창출하는지 보여준다. 값이 높을수록 은행의 수익성이 좋다는 의미다. NIM은 은행의 실제 수익성을 객관적으로 비교할 수 있는 지표로, 금융기관의 경영성과 분석과 투자자 평가에 널리 활용된다. 은행 경영의 핵심 지표인 셈이다.

한편 기존의 예대마진(대출금리-예금금리)은 단순히 예금과 대출의 금리 차이만 반영했지만, NIM은 대출뿐 아니라 채권 등 모든 금리부 자산에서 발생하는 이자수익을 포함한다. 단, 유가증권의 평가이익이나 매매이익 등 단발성 이익은 포함하지 않는다.

NIM을 높이기 위한 은행 전략은

은행들은 NIM을 높이기 위해 다음과 같은 전략을 활용할 수 있다. 먼저 대출 포트폴리오를 최적화하고 고수익 자산 확대를 꾀할 수 있다.

은행들은 NIM을 높이기 위해 기업 일반대출, 주택담보대출 등 수익성이 낮은 대출 비중을 줄이고, 상대적으로 이자수익이 높은 중금리 대출, 외국인 대출 등 고수익 핵심사업 비중을 확대할 수 있다.

자산 리밸런싱을 통해 낮은 수익률의 자산을 줄이고 수익률이 높은 자산에 집중하는 것이다.

또한 경쟁력과 수익성의 균형을 맞추기 위해 대출 이자율을 조정해 이자수익을 극대화한다.

자금조달 비용 절감을 위해 요구불예금, 보통예금 등 저비용 핵심 예금 유치에 집중함으로써 예금 비용을 낮출 수도 있다.

동시에 예금 상품 다양화, 고객 관계 강화 등으로 예치금 유입 확대를 꾀한다.

NIM 변동성을 줄이기 위해 금리 스왑, 선도거래 등 금융 파생상품을 활용해 금융 변동에 따른 위험을 헤지하고, 자산과 부채의 만기 구조를 적절히 조정해 금리 리스크를 관리한다.

대출 심사와 회수를 철저히 하고 신용위험을 낮춰 부실채권 발생을 억제한다.

수수료, 신탁, 자산운용 등 비이자이익을 확대해 이자수익 의존도를 줄이고 전체 수익성을 높일 수도 있다.

자금조달 비용을 낮춰 NIM을 개선시키기 위해 내부비용 절감, 디지털 전환 등 운영 효율성을 높이기도 한다.

주주들 입장에서 NIM의 영향은

NIM이 높게 개선되면 은행의 수익성이 전반적으로 개선됐다는 뜻이므로, 은행의 배당 여력 확대와 주가 상승으로 연결될 수 있다. 연구에 따르면, NIM이 1%포인트 증가할 때 ROA(총자산이익률)가 0.115%포인트 증가하는 것으로 나타났다.

주주들이 배당금 증가나 주식가치 상승의 혜택을 볼 수 있는 것이다. 또한 은행이 위기 상황에서 손실을 흡수할 수 있는 자본을 더 빠르게 쌓을 수 있다는 의미이므로 장기적으로 주주가치를 보호한다.

만일 NIM이 하락하면 은행이 수익성을 높이기 위해 고위험 대출이나 투자를 시도할 가능성이 커지므로 은행의 잠재적 손실 위험도 그만큼 올라간다.

다만 NIM은 시장 금리나 시장에서의 경쟁 정도, 은행의 자산·부채 구조 등에 따라 달라지므로 단순히 수치가 높고 낮음에 따라 장기 전망을 판단하는 것은 한계가 있을 수 있다. 보다 종합적인 경영환경 분석이 필요하다.

[RWA(위험가중자산)]

은행 대출·자산 보유 위험도… 자본 추가의 기준

"최근 금융당국이 시중 은행들에 대한 RWA(위험가중자산) 규제 완화를 적극 검토하고 있다. 은행이 실제로 감수하고 있는 '규제상 리스크 기준'을 낮추려는 것이다.

동일한 자산을 보유하더라도 규제상 요구되는 위험 수준이 낮아지니, 은행은 같은 금액의 대출이나 투자를 하더라도 규제상 자기자본비율을 더 쉽게 맞출 수 있게 된다.

RWA 규제를 완화해줄 테니 기업에 대한 자금 공급을 확대하라는 의중이다. 상호관세, 환율 급등 등의 여파로 어려움을 겪는 기업에 자금 공급이 원활하게 이뤄지도록 하려는 당국의 배려다."

_2025. 5. 3

그러나 시중 은행들이 이를 온전히 받아들일지는 미지수다. 손실을 감수하더라도 당국의 지침에 따라 기업에 자금을 지원할 수 있는 국책은행과는 달리, 시중은행은 부실 우려로 인해 국책은행만큼의 기업 대출을 하지 못하리란 전망이다.

은행 입장에서는 RWA 가중치가 높은 자산을 보유하면 BIS(국제결제은행) 자기자본비율이 하락할 수밖에 없는 부담이 있다.

그럼 RWA는 무엇이고 왜 중요할까?

RWA란

RWA(위험가중자산)은 은행이나 금융기관이 보유한 자산에 각 자산별 위험도를 반영해 가중치를 곱한 뒤 합산한 금액을 의미한다. 단순한 총자산이 아닌, 자산의 신용위험·시장위험·운영위험 등 실제 손실 가능성을 반영해 산출한다. 쉽게 말해 RWA는 은행이 대출을 실행하거나 자산을 보유할 때 위험 정도에 따라 자본을 더 많이 쌓아야 하는 기준을 말한다.

구체적으로 은행이 보유한 자산을 현금, 예금, 대출, 유가증권 등 여러 카테고리로 분류한 뒤, 각 자산의 신용등급, 자산 종류 등을 포함한 위험도에 따라 위험가중치를 0~100%로 부여한다. 가령 국채나 중앙은행 예치금은 0%, 주택담보대출은 35%, 일반 기업대출은 100% 등이다.

자산 금액에 해당 위험가중치를 곱한 뒤 모든 가중금액을 합산하면 총 RWA가 산출된다.

RWA 왜 중요한가

먼저 RWA는 리스크를 관리하는 기능을 한다.

RWA가 높아질수록 같은 자기자본이라도 BIS 비율이 낮아지므로 은행은 더 많은 자본을 쌓아야 한다. 즉 자산의 위험도를 체계적으로 반영해 은행의 실제 리스크 노출을 파악하고 부실 위험과 시스템 리스크를 낮추는 역할을 한다.

따라서 바젤 협약 등 국제 금융 규제에서 자본규제의 핵심 지표로 사용된다.

RWA 규제 완화…왜

그럼 금융당국은 왜 RWA 규제를 완화하려는 것일까. 일련의 논의는 기업대출 확대나 벤처투자 활성화 등의 정책적 필요에 따라 추진되고 있다.

자기자본 관리에 매여있는 은행들로선 RWA 비율을 높이는 기업 여신 업무를 꺼릴 수밖에 없다.

이에 금융당국은 이르면 2025년 4월부터 완화된 BIS 자본 규제 규정을 시행한다는 방침이다. 미국 상호관세 조치로 국내 기업 충격이 커지면서 원활한 자금 공급 필요성이 커지는 상황에서, 은행이 자본규제 부담을 덜고 더 많은 자금을 기업에 공급할 수 있도록 유도하는 것이다.

구체적으로 금융당국은 금융회사가 정책금융기관과 손잡고 벤처기업에 투자하는 경우 현재 400%인 RWA를 최대 100%까지 낮추는 방안을 추진 중이다.

현재 400% RWA 기준은 벤처 투자에 대한 위험평가 기준으로 지나치게 높아 금융회사들의 벤처 투자 기피 현상을 초래한다. 금융회사가 벤처펀드에 100억원을 출자한다고 가정할 때, 이 기준에 따르면 400억원의 자산으로 인식되므로, 금융회사는 벤처 투자를 늘릴수록 자기자본비율 산정 시 불리해진다.

이번 규제 완화 시도는 이같은 높은 문턱으로 인해 돈이 기업으로 제대로 흐르지 못하고 있다는 지적을 반영한다. 최근 원화값 급락으로 줄어든 금융회사들의 외화자산 평가액이 자본건전성 유지의 걸림돌로 작용하는 상황에서, 벤처투자 기준까지 높은 채 유지되는 문제를 해소하려는 것이다.

당국은 벤처기업이 편입한 자산별로도 차등적으로 위험가중치를 매기기로 했다.

종전에는 400%를 적용했지만 앞으로 주식은 정책금융기관 공동 투자나 상장 여부 등에 따라 100~400%, 채권은 신용등급에 따라 20~150%, 부동산은 상업·주거용 등에 따라 20~150% 가중치를 매긴다.

당국은 금융권의 외환 리스크에 대한 위험가중치를 완화하는 방안도 검토하고 있다.

빡빡한 신용평가 체계도 푼다. 지금까지 신용등급을 받지 못한 기업은 대출·채권 자산에 등급이 없는 것으로 간주해 100% 위험가중치를 매겼지만 해외 기관에서 받은 등급이 있다면 이를 적용해 가중치를 20~100%로 낮춘다.

금융사들의 운영 리스크 부담을 낮추고, 장외파생상품 위험가중치를 낮추는 방안도 거론된다.

또 부동산개발금융 위험노출액(익스포저) 적용 기준을 완화하고, 투자자 예탁금과 부실채권(NPL) 위험가중치 산출 방식을 변경하는 내용도 협의 중이다.

당국 고위 관계자는 "은행과 속도감 있게 논의를 진행해 조속히 관련 대책을 내놓겠다"고 설명했다.

[ERP(전사자원관리)]
기업 내 여러 부서 업무…
효율적으로 통합 관리

"ERP(전사적자원관리)가 금융 분야로까지 영향력을 확대하고 있다. 반복적이고 수작업이 많았던 회계, 자금관리, 예산 집행과 같은 업무가 자동화면서 업무 속도와 정확성이 크게 향상됐다. 또한 은행, 보험, 증권 등 금융기관의 다양한 부서와 업무가 하나의 통합 시스템으로 연결돼 업무 프로세스가 표준화되고 극도로 효율화되고 있다.

신한지주 자회사인 제주은행은 지난달 18일 국내 ERP 1위 기업인 더존비즈온과 손잡고 제주은행의 ERP 뱅킹 사업추진을 결의했다. 국내 최초의 ERP 뱅킹을 실현하겠다는 포부다."

_2025. 5. 6

ERP 뱅킹은 기업 자원관리 프로그램인 ERP 시스템에 금융을 접목하는 임베디드 금융이다. 금융서비스를 원하는 기업의 동의를 받아 실시간 자금 흐름과 거래 정보를 분석하고, ERP 시스템 내에서 해당 기업의 니즈에 맞는 적시성 있는 맞춤형 금융을 제안하는 방식이다.

그럼 ERP란 무엇이고 왜 중요할까?

ERP란

ERP(전사적자원관리)는 기업 내 재무·회계·인사·생산·영업·구매·재고 등 여러 부서와 업무를 하나의 통합 시스템에서 관리하는 소프트웨어 및 관리 방식이다.

ERP는 기업의 모든 자원과 프로세스를 유기적으로 연결해 데이터와 업무 흐름을 실시간으로 통합 관리할 수 있도록 지원한다.

ERP 왜 중요한가

ERP는 먼저 업무를 통합할 수 있게 해준다. 각 부서별로 분산된 정보를 하나의 시스템에서 통합 관리해, 중복 업무를 줄이고 실시간 정보 공유가 가능하다.

또한 데이터 일관성도 유지한다. 단일 데이터베이스를 사용함으로써 데이터 중복을 방지하고 정보의 정확성과 신뢰성을 높인다.

업무 자동화를 통해 반복적이고 표준화된 업무를 자동화해 인적 오류를 줄이고 업무 효율성을 높인다.

입력된 정보를 바탕으로 다양한 보고서를 실시간 생성해 경영진의 빠른 의사결정을 지원한다.

필요에 따라 재무·인사·생산 등 모듈을 추가하거나 변경할 수 있어 기업 성장과 환경 변화에 유연하게 대응할 수 있다.

ERP는 어떻게 구성되나

ERP는 △재무·회계 관리 △인사·급여 관리 △생산·제조 관리 △판매·구매 관리 △데이터베이스로 구성된다.

먼저 재무·회계 관리는 자금, 매출, 비용 등 재무 관련 업무를 통합 관리한다. 인사·급여 관리는 인사정보, 급여, 근태 등 인적 자원을 관리한다. 생산·제조 관리는 생산계획, 자재 소요, 공정 관리 등 제조업무를 지원한다. 판매·구매 관리는 영업, 구매, 재고 등 공급망 및 유통을 관리한다. 데이터베이스는 모든 부서의 데이터를 중앙에 저장해 실시간 접근 및 공유를 가능케 한다.

ERP 도입 효과는

ERP를 도입하면 부서 간 협업과 정보 공유가 원활해져 업무 속도와 정확성이 향상된다. 또한 모든 거래와 자원 흐름이 시스템에 기록돼 투명한 경영이 가능해진다. 업무 자동화와 프로세스 표준화로 운영 비용이 절감되며 실시간 데이터 분석과 보고서 제공으로 신속한 경영 판단이 가능해진다.

ERP 실제 적용 사례는

2010년에 설립된 금융소프트웨어 전문기업인 뱅크웨어글로벌은 일본, 대만, 필리핀 등 국내외 은행과 금융회사, 핀테크 기업에 자체개발한 금융업무 솔루션을 공급하고 있다. 2021년 4월 말 정식 가동에 들어간 대만 인터넷전문은행 라인뱅크 타이완의 경우, 예금, 송금, 체크카드 발급, 개인대출 등 소비금융 서비스 구축을 위한 통합 소프트웨어를 도입했다.

필리핀 3위 은행 BPI의 자회사 BanKo는 뱅크웨어글로벌을 통해 클라우드 기반의 코어뱅킹 및 금융 ERP 시스템을 도입해 전 금융업무를 통합 관리하고 있다. 일본의 인터넷은행은 물론, 국내에서는 농협상호금융이 뱅크웨어글로벌의 소프트웨어를 채택하고 있다.

금융 분야뿐만 아니라 다양한 기업들이 ERP를 통해 경영 효율화를 이루고 있다.

먼저 인텔은 ERP와 SCM(공급망관리) 시스템을 연계해 재고통제, 제품운송, 비즈니스 통합 등 내부 업무 효율성을 크게 향상했다. 인트라넷·엑스트라넷을 통한 실시간 정보 교환으로 공급망 전체 비용 절감과 납기 단축을 실현하는 경영 혁신을 이뤘다.

삼성전자는 최신 AI(인공지능), 클라우드, 인메모리 데이터베이스 기술이 결합된 N-ERP 시스템을 도입해 대용량 데이터 처리와 실시간 분석 속도를 크게 높였다.

삼성전자는 이를 통해 온라인 판매 확대에 따른 대량의 소비자 주문과 공급망 상황을 실시간으로 분석해 경영을 시뮬레이선하고 합리적 의사결정을 가능케 했다. 또한 내·외부 조직 간 협업이 원활해지고, 챗봇 등 프로세스 자동화로 임직원들이 핵심 업무에 집중할 수 있게 됐다. AI가 업무를 지원하면서 협업 효율이 높아지고 클라우드 기반 솔루션으로 다양한 환경에서 차질 없이 업무를 진행할 수 있게 됐다.

이밖에 한 자동차 제조사는 ERP 도입 전에는 부서별 정보 단절로 부품 부족 또는 과잉 생산이 빈번했으나 ERP 도입 후 실시간 정보 공유로 생산성을 20% 향상했다. 한 제과업체는 ERP 도입 후 원자재 재고를 효율적으로 관리해 고객 주문에 신속히 대응할 수 있었고 그 결과 매출이 15% 증가했다.

[RSU(양도제한조건부주식)]
회사가 임직원에게 무상 주식 양도를 보장

29

"직장생활 25년 만에 자산 25억원을 마련해 은퇴한 유튜버 갑자기파이어족이 최근 화제다. 그녀는 40대 후반 나이에 부동산 한 채와 약 13억원의 금융자산을 일군 비결로, 미국 주식의 적립식 장기투자를 꼽는다. 특히 그녀는 미국 전자상거래 기업 이베이에서 10여년간 근무하면서 RSU(양도제한조건부주식) 제도에 따라 자사주를 꾸준히 모은 것이 주효했다. 연봉의 약 15%를 현금 대신 시세보다 약 15% 저렴한 가격의 자사주로 받는 제도였는데, 직장생활 12년간 4억원어치를 받았다."

_2025. 5. 10

그녀가 처음으로 RSU를 받기 시작한 2012년 이베이의 주가는 12달러 수준이었지만 2021년 80달러 고점을 찍더니 현재는 60달러선을 유지 중이다. 이는 그녀의 종잣돈이 돼 8억원대의 부동산을 사고 다른 해외주식과 현금으로 일부 전환하고도 3억원어치가 남아있다.

그럼 평범한 직장인을 부동산 자산가로 만든 RSU는 무엇이고 왜 중요할까?

RSU란

RSU(양도제한조건부주식)은 회사가 임직원에게 일정 기간 근속, 성과목표 달성 등 일정 조건을 충족할 경우, 무상으로 주식을 지급하겠다고 약속하는 보상 제도다. 조건 충족 전까지는 주식의 소유권이 직원에게 이전되지 않으며, 조건을 만족한 시점에 비로소 주식이 부여된다. 또한 이 시점(베스팅 시점)에 세금이 부과되므로 직원의 단기 소득세 부담도 줄일 수 있다.

직원은 별도 비용을 들이지 않아도 정해진 조건을 충족하면 주식을 무상으로 받게 된다. 이는 정해진 가격에 주식을 매수할 권리를 부여하며, 권리 행사 시 주식 매수 비용이 발생하는 스톡옵션과 다른 점이다.

RSU는 직원에게 주인 의식을 부여하고 장기 재직 및 성과 달성을 유도하는 효과적인 인센티브 수단으로 여겨진다.

또한 주주총회 특별결의 등 절차가 필요한 스톡옵션과 달리, RSU는 이사회 결의만으로 부여할 수 있어 절차가 비교적 간단하다.

스톡옵션은 주가에 따라 실현 이익이 달라지는 데 반해, RSU는 조건만 충족하면 주가 하락과 상관 없이 주식을 받을 수 있어 직원에게 주식의 전체 가치가 온전히 전달된다. 즉 스톡옵션보다 확정적인 보상 구조를 가진다.

기업 입장에서도 현금을 직접 지급하지 않고 주식으로 보상

하므로, 스타트업이나 현금 유동성이 부족한 기업도 활용할 수 있는 인재 유치·유지에 효과적인 비현금성 보상 수단이 된다.

애플·구글·메타·테슬라 등 글로벌 IT 기업들이 핵심 인재 유치와 장기 근속 유지를 위해 RSU를 적극 활용하는 추세다. 국내에서도 네이버·카카오·크래프톤·두나무 등이 RSU를 도입해 인재 확보와 동기 부여에 활용하고 있다.

RSU 단점은?

RSU의 단점은 조건이 까다로우면 실질적으로 보상 실현이 어려울 수 있다는 점이다. 또한 회사가 신주를 발행하거나 자기주식을 활용하므로 기존 주주 지분이 희석될 가능성이 있다. 또한 국내에서는 관련 법령이나 세제 체계가 스톡옵션만큼 정교하지 않아 운영상 이슈가 발생할 수 있다.

기업들 무분별한 RSU에 대한 비판도

다만 경영진에게 지급되는 RSU의 경우, 경영진의 성과가 좋지 않을 때 부메랑으로 돌아올 수 있다. 최근 시장에서는 김승연 한화그룹 회장의 차남 김동원 한화생명 사장에게 지급된 RSU의 정당성에 대해 비판을 제기하며 논란이 확산 중이다.

김동원 한화생명 사장이 설립을 주도한 디지털 손해보험사 캐롯손해보험이 대규모 손실을 남기고 한화손해보험에 흡수합병됐기 때문이다. 캐롯손보의 6년간 누적 손실은 3339억원으로, 외부 지분 재매입에 따른 손실 776억원까지 포함하면 총 손해는 4000억원을 웃돈다.

업계에서는 캐롯손보 정리가 단순한 구조조정이 아니라 김 사장의 의중이 반영된 결정으로 보고 있다. 결국 캐롯의 손실을 한화손보가 떠안게 돼, 그 부담이 고스란히 한화생명으로 전가됐다. 시장에서는 이같은 대규모 손실에도 불구, 김 사장이 한화생명에서 체결한 2020년부터 2025년까지의 RSU 부여 계약을 이행해야 하냐며 비판하고 있다. 김 사장은 2024년 말 기준으로 보통주 30만주(지분율 0.03%)를 보유하고 있으며, 이번 RSU를 포함하면 총 250만9590주(0.29%)까지 보유 지분이 늘어나게 된다. 해당 지분 확대는 향후 김 사장의 한화생명 금융계열 지배력을 공고히 하는 핵심 장치가 될 전망이다.

김 사장은 이번 RSU 지급을 통해 금융계열 승계 작업에 힘을 얻겠지만 막대한 손실이 동반된 캐롯 사업의 실패에도 성과보상이 그대로 지급된다는 점에서 "책임 없이 권한만 확대된다"는 비판이 잇따르고 있다.

[디폴트옵션]
퇴직연금 적립금…
자동 운용하는 제도

"지난해부터 시행된 디폴트옵션 제도로 인해 퇴직연금에 대한 관심이 더욱 높아지고 있다."

_ 2025. 5. 12

  국내 주요 자산운용사들의 디폴트옵션 펀드 설정액이 수백억 원에서 1조원을 돌파하는 등 퇴직연금 가입자들의 뜨거운 반응을 얻고 있다.

  그럼 디폴트옵션이란 무엇이고 왜 중요할까?

디폴트옵션이란

  디폴트옵션은 퇴직연금(DC형·IRP형) 가입자가 일정 기간 동안 별도 운용 지시를 하지 않을 경우, 미리 지정해둔 적격 투자상품으로 퇴직연금 적립금을 자동 운용하는 제도다. 이를 '사전지정운용제도'라고도 부른다.

많은 퇴직연금 가입자가 자금을 예금 등 저수익 상품에 방치하거나, 만기 후 별도 운용 지시 없이 현금성 자산으로 두는 경우가 많아 노후 자산 증식 효과가 떨어진다는 지적이 나왔다.

디폴트옵션은 이런 방치를 막고, 연금 자산을 보다 적극적으로 운용해 장기적으로 수익률을 높이고 노후 자금 마련을 돕기 위해 도입됐다.

디폴트옵션은 회사가 직접 운용하는 DB형(확정급여형)에는 적용되지 않고, 가입자가 운용하는 DC형(확정기여형)과 IRP형(개인형 퇴직연금)에만 적용된다.

디폴트옵션의 원리

디폴트옵션은 가입자가 직접 운용 지시를 내리지 않으면 사전에 지정한 디폴트옵션의 상품으로 자동으로 운용되게 한다.

디폴트옵션 상품은 위험도에 따라 초저위험(정기예금 100%), 저위험(예금+펀드), 중위험(예금+펀드), 고위험(펀드 100%) 등 다양한 포트폴리오로 구성된다.

금융회사가 고용노동부 승인을 받은 상품 중에서 가입자 투자성향에 맞게 선택할 수 있다.

가입자 입장에서는 퇴직연금 운용 지시를 하지 않아도 연금이 방치되지 않고 자동으로 관리되며, 본인 투자성향에 맞게 선택한 상품 포트폴리오로 장기적으로 더 높은 수익률을 기대할 수 있고, 만기 도래 시에도 자동 재투자되므로 편리하다.

디폴트옵션 단점은?

디폴트옵션의 단점은 가입자가 자산 운용에 직접 개입할 수 있는 여지가 적다는 것이다. 투자 성향이나 목표가 뚜렷한 가입자는 자신의 선호를 반영하기 어렵다. 기본 투자 방식이 모든 사람에게 적합한 것은 아니다.

또한 디폴트옵션은 금융회사가 제시하는 한정된 옵션 안에서만 투자 상품을 제공하므로, 가입자 투자성향에 딱 맞는 상품이 없을 수도 있다.

원리금보장형이 아닌 경우, 시장 상황에 따라 손실이 발생할 수 있다. 특히 고위험 상품을 선택했다면 원금 손실 우려도 있다.

반면에 초저위험 상품을 선택했다면 장기적으로 인플레이션을 따라가지 못해 실질수익률이 낮아질 수 있다. 실제로 많은 가입자가 초저위험형을 선택해 퇴직연금 운용 효과가 반감된다는 지적이 나온다.

디폴트옵션을 한 번 설정하면 연금이나 일시금 수령 시까지 해지가 불가능한 경우가 있어 운용 유연성이 부족하다는 지적도 나온다. 옵션 내 포트폴리오 변경은 가능하지만 디폴트옵션 자체를 취소하는 것은 어렵다.

퇴직연금 특성상 중도인출이 어렵고 중도해지 시 수수료가 발생할 수 있다. 수익률이 일정 수준을 넘지 않으면 오히려 손해를 볼 수 있다.

디폴트옵션 상품의 기대수익률이나 운용보수 등 핵심 정보가 명확히 안내되지 않아 가입자가 상품을 제대로 비교·선택하기 어렵다는 지적도 있다.

선진국에서 먼저 도입한 디폴트옵션

디폴트옵션은 미국, 영국, 호주 등 영미권 국가가 선제 도입해 퇴직연금의 장기 운용성과 개선에 기여하고 있다.

자본시장연구원에 따르면, 미국은 TDF 등을 적격디폴트옵션에 편입한 연금보호법을 계기로 많은 기업이 디폴트펀드를 보수적인 펀드에서 TDF로 갈아탔다. 미국의 대표적 퇴직연금제도인 401(k)는 정부의 암묵적 지지와 연금보호법의 법률적 뒷받침 하에 디폴트 제도가 매우 활성화돼 있다. 현재 미국 기업들은 특정한 의사 표시가 없는 신규 직원에게 401(k)의 가입부터 적립금 기여율, 적립금 운용상품 결정까지 디폴트, 옵트아웃, 자동가입이라는 넛지 방식을 적용하고 있다. 기업들은 이를 통해 직원들은 401(k) 가입률을 높이고 투자 포트폴리오 결정을 지원하고 있다.

스웨덴의 PPM(Premium Pension System)은 많은 연금가입자가 비합리적으로 투자를 결정하고 있다는 인식에서 디폴트옵션을 강조하는 차원에서 도입됐다. 스웨덴 정부는 PPM을 처음 도입할 당시인 2000년에 캠페인을 통해 연금가입자가 자신들의 펀드를 직접 선택하도록 권장했다. 그러나 퇴직연금 가입자들의 투자운용 행태와 성과를 매 4~5년마다 검토하면서, 연금가입자들이 일반적으로 금융문해력이 부족하고 투자에 대한 관심이 낮다는 점이 드러났다. 현재 스웨덴 정부는 이러한 점을 보완하기 위해 TDF 유형의 세대 펀드로 구성된 디폴트옵션 펀드를 추천하고 있다.

일본도 최근 디폴트옵션 대부분이 원금보장형 상품인 점을 개선하고자 2016년 확정기여연금법을 개정했다. 법 개정 이전에는 신규 가입자의 디폴트옵션 선택 비율이 15% 수준으로 매우 낮았고 기업 중 96% 이상이 원금보장형 상품을 디폴트옵션으로 지정하고 있었다. 이에 확정기여연금법 개정안에는 투자신탁의 디폴트옵션 지정을 촉진하는 방안으로 디폴트옵션 상품에 대한 정성적 기준이 마련됐다. 정성적 기준은 특정 운용상품의 배제나 포함을 명시하지 않으나, 물가 변동 리스크에 대비하고 분산투자 효과에 기여하는 상품을 요구하고 있다.

해외와 우리나라가 다른 점은, 한국은 DC형 가입자의 선택권을 보호한다는 것이다. 퇴직연금사업자가 신중하게 구성한 디폴트옵션 상품을 토대로 DC형 가입자가 투자상품을 선택할 수 있게 설계됐다. 투자에 무관심하거나 금융문해력이 낮은 DC형 가입자의 경우 투자 기회비용이 발생할 수 있다. 따라서 DC형 가입자들이 디폴트옵션 상품 내 장기투자에 적합한 상품 선택이 중요하다는 점을 인식할 수 있도록 효과적인 정보 제공이나 투자자 교육 등이 잘 마련돼야 할 것이다.

● 갈라북스 · IDEA Storage 출간 도서

1. **중국 패권의 위협** 브렛 N. 데커, 윌리엄 C. 트리플렛 2세 공저/ 조연수 역
2. **버핏의 프로포즈를 받은 여인** 카렌 린더 저/ 김세진 역
3. **무엇이 당신을 부자로 만드는가** 라이너 지델만 저/ 서정아 역
4. **세상의 이치를 터놓고 말하다** 사이토 히토리 저/ 이지현 역
5. **뷰 마케팅** 황부영, 변성수 공저
6. **기획의 기술** 김희영 저
7. **그대는 남자다** 나상미 저
8. **태클** 김흥기 저
9. **아이폰 어디까지 써봤니?** 이상우 저
10. **개구리 삶기의 진실** 박종인, 백우진, 이명재, 이상국, 이의철, 이정일, 전필수 공저
11. **멘탈 트레이닝** 김시현 저
12. **1인 창업이 답이다** 이선영 저
13. **승자의 기획** 김희영 저
14. **아이폰 어디까지 써봤니? Ver. 2.0** 이상우 저
15. **레인메이커** 황부영 저
16. **성장하는 엄마 꿈이 있는 여자** 김미경 저
17. **사표 쓰고 지구 한 바퀴** 김문관 저
18. **하루 3분 골프 레슨** 이종달 저
19. **멘탈 트레이닝 Plus** 김시현 저
20. **부자의 관점** 사이토 히토리 저/ 이지현 역
21. **미래수업** 박홍주 저

22 **큐우슈우 역사기행** 정재환 저

23 **당신이 지금 창업을 해야 하는 이유** 이선영 저

24 **3쿠션 알짜 꿀팁** 오경근, 김희연 저

25 **금융투자 완전정복** 최철식 저

26 **거절에 대처하는 영업자의 대화법** 권태호 저

27 **공무원 기획력** 심제천 저

28 **엄마가 필요해** 은수 저

29 **마케터의 생각법** 황부영 저

30 **창업력** 문성철 저

31 **나의 주식투자생존기** 김근형 저

32 **좋은 운을 부르는 방법** 난경 저

33 **5G와 AI가 만들 새로운 세상** 이준호, 박지웅 저

34 **땅 짚고 소액 경매** 박태왕 저

35 **기획자의 생각법** 김희영 저

36 **3쿠션 알짜 꿀팁 Section+** 오경근, 김희연 저

37 **거절에 대처하는 영업자의 대화법 SE.** 권태호 저

38 **슬곰이네 강아지 식탁** 김슬기 저

39 **왕초보 부동산 중개 그냥 따라하기** 김철수 저

40 **한 뼘 고전** 배기홍 저

41 **오늘도 클래식 1** 김문관 저

42 **오늘도 클래식 2** 김문관 저

43 **집 살까요? 팔까요?** 전인수 저

44 **금융투자 완전정복 2.0** 최철식 저

45 **한 뼘 골프** 이종달 저

46 **초보도 쉬운 부동산 소액 경매** 박태왕 저

47 **아빠가 위험해** 김오현 저

48 **정변의 역사** 최경식 저

49 **넥스트팡** 김창훈 저

50 **한 줄 속담의 여유** 배기홍 저

51 **디지털 경제를 쉽게 읽는 책** 김효정 저

52 **멘탈트레이닝(RE.)** 김시현 저

53 **기획자의 생각법(RE.)** 김희영 저

54 **리얼 ESG** 이준호 · 강세원 · 김용진 저

55 **통계로 보는 세상** 김창훈 저

56 **숙청의 역사: 한국사편** 최경식 저

57 **반도체 경제를 쉽게 읽는 책** 김희영 저

58 **배민 기획자의 일** 엄유진 외 7명 공저

59 **마케터의 생각법(RE.)** 황부영 저

60 **브랜드 이슈를 쉽게 읽는 책** 공우상 저

61 **숙청의 역사: 세계사편** 최경식 저

62 **한뼘 한자** 편집부 저

63 **글로벌 금융 키워드** 김신회 저

64 **언어의 지혜** 배기홍 저

65 **아무도 모르는 브랜드? 아무나 모르는 브랜드!** 이광석 저

66 **암살의 역사** 최경식 저

67 **쓸모 있게 말하기** 김연화 저

68 **정변의 역사 (확장판)** 최경식 저

69 **머리가 크면 지능이 높다고?** 김창훈 저

70 **초보도 쉬운 부동산 소액 경매(RE.)** 박태왕 저

71 **한뼘 논어** 편집부 저

72 **한뼘 속담** 편집부 저

73 **공무원 기획력(RE.)** 심제천 저

74 **한뼘 철학** 꿈틀러스 저

75 **K-오픈 이노베이션 101** 김준학 저

76 **한뼘 속담(세계편)** 꿈틀러스 저

77 **머니토크** 김현정 저

세상 모든 지식과 경험은 책이 될 수 있습니다.
책은 가장 좋은 기록 매체이자 정보의 가치를 높이는 효과적인 도구입니다.

갈라북스는 다양한 생각과 정보가 담긴 여러분의 소중한 원고와 아이디어를 기다립니다.

- 출간 분야: 경제 · 경영 / 인문 · 사회 / 자기계발
- 원고 접수: galabooks@naver.com